서울대 학문 목적 한국어⁺ 시리즈
말하기·듣기·읽기·**쓰기**

**서울대
한국어 ⁺**plus

학문 목적

# 쓰기

서울대학교 언어교육원 지음

서울대학교출판문화원

## 머리말

최근 들어 한국 내 대학 및 대학원에서 수학하고 있거나 진학하고자 하는 외국인의 수가 더욱 증가하고 있는 추세입니다. 외국인 학생들에게 한국어 구사 능력은 실생활에서 필요할 뿐만 아니라 대학 학업에 있어서도 성패를 좌우하는 불가결한 기본 수단입니다. 학문 목적의 한국어 교재는 일반 목적의 한국어 교재와 내용 및 구조 측면에서 차별화가 필요합니다. 한국어 학습자의 학습 목적은 한국어 교수 학습 방법은 물론 교재화 방식을 결정하는 중요한 변수 중 하나이기 때문입니다.

이러한 사실에 초점을 맞추어 서울대학교 언어교육원 한국어교육센터에서는 외국인 유학생들을 대상으로 한국 대학에서의 학습·연구 활동을 목적으로 하는 새로운 교재를 출간하게 되었습니다. 이 교재는 대학 수학에서 요구되는 기능과 장르를 중심으로 『말하기』, 『듣기』, 『읽기』, 『쓰기』 네 권으로 구성되며, 그중 『쓰기』는 다음과 같은 특징을 가지고 있습니다.

첫째, 학술 텍스트 쓰기 능력을 기른다는 목적 아래 학습 내용을 크게 '준비', '연습', '집필' 단계로 구성하였습니다. 학술 텍스트 작성을 위해서는 언어적 측면뿐만 아니라 학술 텍스트의 장르적 특성, 학술 텍스트 작성의 기본적인 연구 방법에 대한 이해 또한 필요하므로 이를 '준비' 단계에서 다루었습니다. '연습' 단계에서는 학습자들이 어려움을 느끼는 한국어 학술 텍스트의 특징적인 언어 표현을 구체적으로 연습하며 익힐 수 있도록 하였습니다. '집필' 단계는 실제 학술 텍스트의 전형적인 단계별 표현을 연습하며 자신의 학술 텍스트를 쓸 수 있도록 구성하였습니다.

둘째, 각 과는 '구성 및 표현 이해하기', '쓰기 1', '쓰기 2' 세 부분으로 나누어서 제시하였습니다. '구성 및 표현 이해하기'에서는 전범 텍스트를 중심으로 학술 텍스트 장르의 의사소통적 맥락, 구성, 언어 표현을 익히고 이를 연습할 수 있도록 하였습니다. '쓰기' 부분은 학습자가 수행할 과제로서 실제 수업에서 학습자의 상황에 따라서 선택적으로 활용할 수 있도록 두 층위로 제시하였습니다. '쓰기 1'은 학습자들이 주어진 단서를 통해 쓰기 과제를 수행하도록 하였고, '쓰기 2'에서는 학습자 자신이 정한 연구 주제와 내용으로 학술 텍스트를 쓰도록 하였습니다.

셋째, 각 과의 텍스트는 실제로 한국어 모어 연구자들이 학술지에 게재한 학술 논문을 발췌 및 변용하여 사용하였습니다. 다만 실제 한국어 학술 논문을 그대로 사용하기에는 내용의 전문성 및 한국어 표현의 난해성 문제가 있으므로 비전공자인 한국어 학습자들이 이해할 수 있도록 내용 및 표현을 적절히 변용하여 사용하였으며, 비전공자인 학습자도 비교적 익숙하게 접근할 수 있는 주제인 다문화 관련 학술 논문으로 선정하였습니다.

넷째, 내용 전반에 걸쳐 한국어 어휘, 표현도 비중 있게 다루었습니다. 외국어로서 한국어 학습자들에게는 어휘·문법 등에 대한 학습 요구가 높으며 실제 쓰기 과업을 수행하기 위해 언어적 요소들을 익히는 것이 필수적이기 때문입니다. 또한 각 단계마다 한국어 학술 텍스트의 전형적인 어휘 및 표현을 제시하였고 이에 관해 연습할 수 있는 부분을 포함시켰습니다.

이 책이 완성되기까지 많은 분들의 노력과 수고가 있었습니다. 오랜 기간에 걸쳐 이루어진 집필 및 출판 과정에서 이분들의 도움이 아니었다면 책이 만들어질 수 없었을 것입니다. 본 교재를 기획하고 기본 틀을 잡는 데 기여하신 최은규 선생님, 집필 초기에 참여한 최지영 선생님, 연구반 수업에서 사용하며 많은 조언을 해주신 안경화, 정인아, 김민애, 최지훈 선생님의 노고에 감사를 드립니다. 아울러 책이 출판되기까지 오랜 기간 동안 작업을 도와주신 서울대학교출판문화원의 김종서, 권석만 전 원장님과 박진수 현 원장님, 그리고 관계자 여러분께도 고마운 마음을 전합니다.

2017년 3월
저자 일동

## 일러두기

〈서울대 한국어⁺ 학문 목적 쓰기〉는 총 15개 과로 이루어져 있으며, 각 과는 다음과 같이 구성됩니다.

### 들어가기

시각 자료와 질문을 통해 학습자의 사전 지식을 활성화하며 해당 과의 학습 내용을 보여 줍니다.

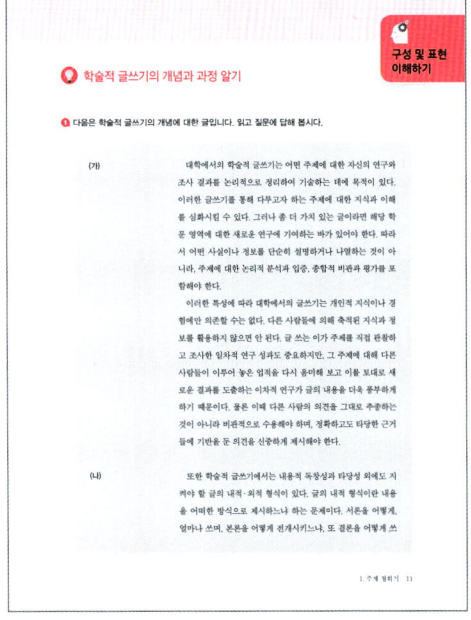

### 구성 및 표현 이해하기

실제 한국어 학술 텍스트에 기반하여 구성된 읽기 자료를 토대로 학술 텍스트의 구성과 표현에 대해 이해하고, 추가 연습 문제를 통해 구성과 표현을 연습합니다.

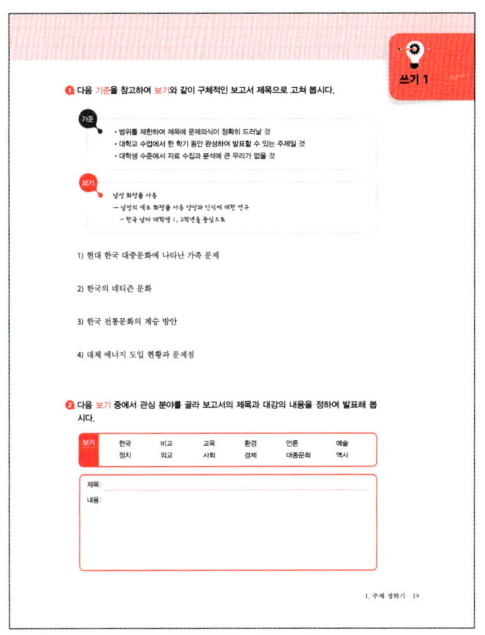

## 쓰기 1

개별 또는 소집단별로 수행하며 학습 내용을 활용해 볼 수 있는 쓰기 과제입니다.

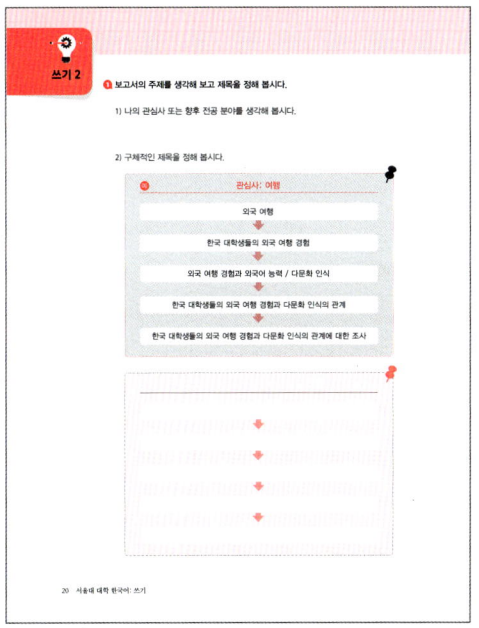

## 쓰기 2

학생 개인의 학술 텍스트 쓰기 과업을 단계별로 수행하기 위한 과제입니다.

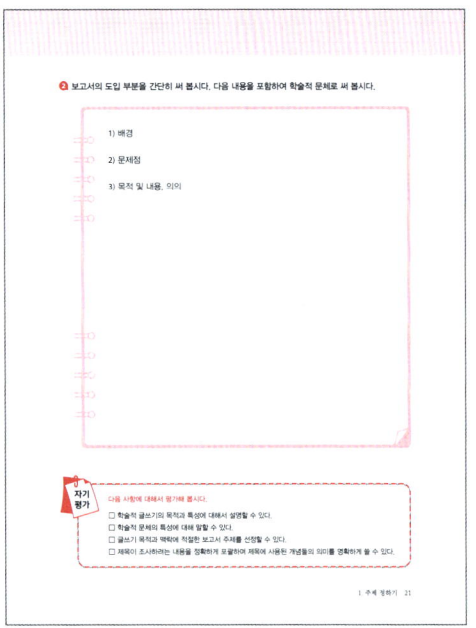

## 자기 평가

자기 평가 질문을 통해 해당 과의 학습 성취도를 스스로 점검합니다.

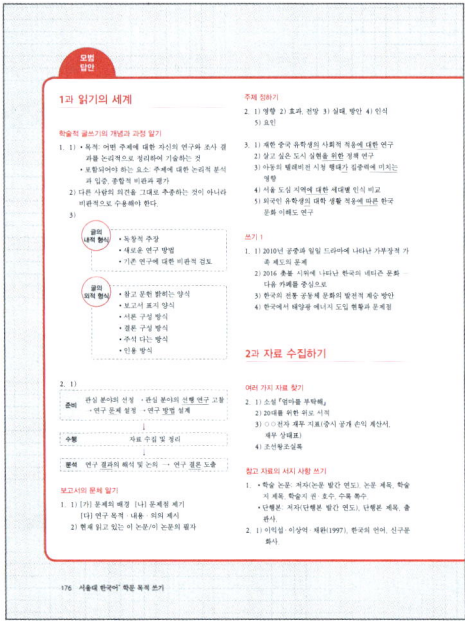

## 부록

연습 문제의 모범 답안과 어휘 색인을 제공합니다.

## 차례

| | | |
|---|---|---|
| 머리말 | | 2 |
| 일러두기 | | 4 |
| 교재 구성표 | | 8 |

| | | | |
|---|---|---|---|
| 1과 | 주제 정하기 | | 10 |
| 2과 | 자료 수집하기 | | 22 |
| 3과 | 계획 세우기 | | 32 |
| 4과 | 조사 준비하기 | | 42 |
| 5과 | 차례 만들기 | | 54 |
| 6과 | 인용하기 | | 62 |
| 7과 | 평가하기 | | 74 |
| 8과 | 주장하기 | | 86 |
| 9과 | 연결하기 | | 98 |
| 10과 | 정확하게 쓰기 | | 108 |
| 11과 | 서론 쓰기 | | 116 |
| 12과 | 이론적 배경 쓰기 | | 128 |
| 13과 | 연구 방법·결과 쓰기 | | 140 |
| 14과 | 논의·제안 쓰기 | | 152 |
| 15과 | 결론 쓰기 및 고쳐 쓰기 | | 162 |

| | |
|---|---|
| 부록 | 175 |

## 교재 구성표

| 단원 | 구성 및 표현 이해하기 | 쓰기 1 | 쓰기 2 |
|---|---|---|---|

### I. 준비 단계

| 단원 | 구성 및 표현 이해하기 | 쓰기 1 | 쓰기 2 |
|---|---|---|---|
| 1과<br>주제 정하기 | • 학술적 글쓰기의 개념과 과정 알기<br>• 보고서의 문제 알기<br>• 주제 정하기 | • 보고서 제목 쓰기 | • 주제 정하기<br>• 제목 정하기<br>• 보고서 도입 쓰기 |
| 2과<br>자료 수집하기 | • 학술 자료 검색하기<br>• 여러 가지 자료 찾기<br>• 참고 자료의 서지 사항 쓰기 | • 자료 검색하기<br>• 서지 사항 쓰기 | • 자료 검색하기<br>• 서지 사항 쓰기<br>• 참고 자료 요약하기 |
| 3과<br>계획 세우기 | • 연구 문제 정하기<br>• 연구 방법 정하기 | • 연구 문제 쓰기<br>• 연구 방법 쓰기 | • 연구 문제 구체화하기<br>• 적절한 연구 방법 정하기 |
| 4과<br>조사 준비하기 | • 조사 계획 세우기<br>• 설문지 작성하기<br>• 면담 조사하기 | • 조사 계획 세우기<br>• 연구 방법 간략히 쓰기 | • 조사 계획 세우기<br>• 설문지 작성하기<br>• 예비 조사하기 |
| 5과<br>차례 만들기 | • 차례 세우기<br>• 개요 짜기 | • 서론의 개요 짜기 | • 차례 만들기<br>• 개요 짜기 |

### II. 연습 단계

| 단원 | 구성 및 표현 이해하기 | 쓰기 1 | 쓰기 2 |
|---|---|---|---|
| 6과<br>인용하기 | • 인용하기<br>• 주석 달기<br>• 표절의 개념 알기 | • 인용과 각주 수정하기 | • 간접 인용하기<br>• 주석 달기 |
| 7과<br>평가하기 | • 긍정적/부정적 평가하기<br>• 간접적 방식으로 평가하기<br>• 수식을 통해 평가하기 | • 평가 표현 추가하기 | • 평가 표현 강화하기 |

| 단원 | 구성 및 표현 이해하기 | 쓰기 1 | 쓰기 2 |
|---|---|---|---|
| 8과 주장하기 | • 필자의 주관 드러내기<br>• 효과적으로 논증하기 | • 주장하는 단락 쓰기 | • 논증 표현 강화하기 |
| 9과 연결하기 | • 독자 안내하기<br>• 연결 표현 쓰기<br>• 독자의 이해 돕기 | • 연결 표현 추가하기 | • 연결 표현 강화하기 |
| 10과 정확하게 쓰기 | • 규범에 맞게 쓰기<br>• 정확한 문장 쓰기 | • 정확한 표현으로 고치기 | • 정확한 표현으로 고치기 |

## III. 집필 단계

| 단원 | 구성 및 표현 이해하기 | 쓰기 1 | 쓰기 2 |
|---|---|---|---|
| 11과 서론 쓰기 | • 현황 제시하기<br>• 연구의 필요성 쓰기<br>• 연구 도입하기 | • 서론 쓰기 | • 서론 쓰기<br>• 연구 계획서 쓰기<br>• 연구 계획서 검토하기 |
| 12과 이론적 배경 쓰기 | • 개념 개관하기<br>• 연구 경향 제시하기<br>• 선행 연구 요약 및 비평하기 | • 이론적 배경 쓰기 | • 개념의 정의 검토하기<br>• 연구 경향 검토하기 |
| 13과 연구 방법·결과 쓰기 | • 연구 방법의 구성 이해하기<br>• 연구 대상의 속성 밝히기<br>• 연구 결과 제시하기 | • 표를 활용하여 쓰기 | • 연구 방법 쓰기<br>• 연구 결과 쓰기<br>• 표 제목 붙이고 설명하기 |
| 14과 논의·제안 쓰기 | • 연구 결과 해석·논의하기<br>• 제안하기 | • 대안 제안하기 | • 논의 쓰기<br>• 동료 평가하기 |
| 15과 결론 쓰기 및 고쳐 쓰기 | • 초록 쓰기<br>• 연구의 의의, 한계 및 제언 쓰기<br>• 고쳐 쓰기 | • 결론 쓰기 | • 결론 쓰기<br>• 동료 평가하기 |

# UNIT 1 주제 정하기

● 다음 자료를 보고 질문에 답해 봅시다.

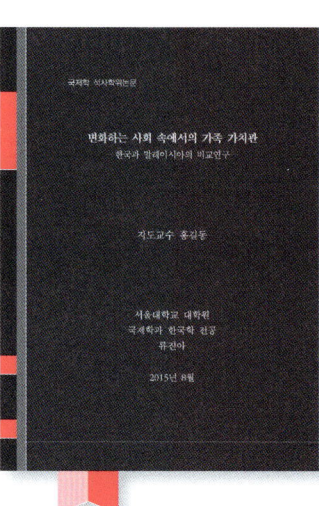
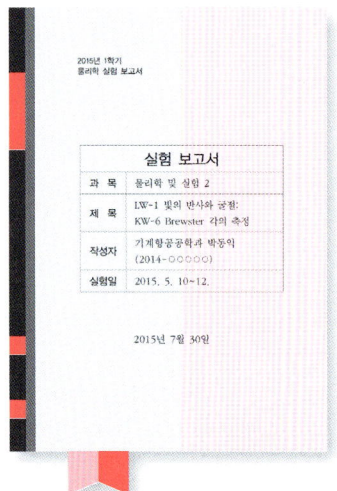
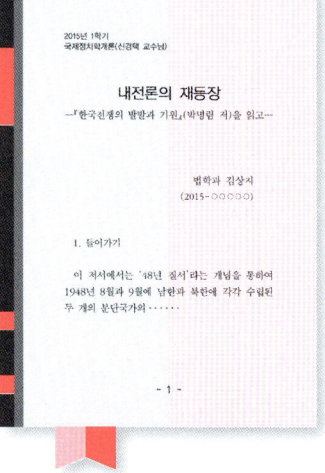

1. 이 글들은 각각 누가, 무엇에 대하여, 어떤 목적에서 쓴 글인지 이야기해 봅시다.

2. 대학교나 대학원에서 학술적인 글을 써 본 적이 있습니까? 언제, 왜, 무엇에 대해서 썼습니까?

## 학술적 글쓰기의 개념과 과정 알기

**1** 다음은 학술적 글쓰기의 개념에 대한 글입니다. 읽고 질문에 답해 봅시다.

(가)  대학에서의 학술적 글쓰기는 어떤 주제에 대한 자신의 연구와 조사 결과를 논리적으로 정리하여 기술하는 데에 목적이 있다. 이러한 글쓰기를 통해 다루고자 하는 주제에 대한 지식과 이해를 심화시킬 수 있다. 그러나 좀 더 가치 있는 글이라면 해당 학문 영역에 대한 새로운 연구에 기여하는 바가 있어야 한다. 따라서 어떤 사실이나 정보를 단순히 설명하거나 나열하는 것이 아니라, 주제에 대한 논리적 분석과 입증, 종합적 비판과 평가를 포함해야 한다.

　이러한 특성에 따라 대학에서의 글쓰기는 개인적 지식이나 경험에만 의존할 수는 없다. 다른 사람들에 의해 축적된 지식과 정보를 활용하지 않으면 안 된다. 글 쓰는 이가 주제를 직접 관찰하고 조사한 일차적 연구 성과도 중요하지만, 그 주제에 대해 다른 사람들이 이루어 놓은 업적을 다시 음미해 보고 이를 토대로 새로운 결과를 도출하는 이차적 연구가 글의 내용을 더욱 풍부하게 하기 때문이다. 물론 이때 다른 사람의 의견을 그대로 추종하는 것이 아니라 비판적으로 수용해야 하며, 정확하고도 타당한 근거들에 기반을 둔 의견을 신중하게 제시해야 한다.

(나)  또한 학술적 글쓰기에서는 내용적 독창성과 타당성 외에도 지켜야 할 글의 내적·외적 형식이 있다. 글의 내적 형식이란 내용을 어떠한 방식으로 제시하느냐 하는 문제이다. 서론을 어떻게, 얼마나 쓰며, 본론을 어떻게 전개시키느냐, 또 결론을 어떻게 쓰

느냐 하는 것은 내적 형식의 범주에 든다. 외적 형식이란 내적 형식을 외면적으로 시각화한 것을 가리킨다. 여기에는 부호의 사용이나 지면의 배치, 행간 띄우기, 주석 처리의 방식, 인용 형식 등과 같은 주변적인 문제 일체가 포함된다. 이러한 글쓰기의 외적인 형식은 이해의 편의, 서술의 경제성을 도모하는, 역사적으로 정련된 체계라고 할 수 있다. 또한 학문 보편적으로 적용되는 내적·외적 형식 외에도 전공 분야에 따라 암묵적·명시적으로 적용되는 규범이 존재하므로 이를 파악하는 것도 중요하다.

정병기(2005), 『사회과학 글쓰기: 대학생을 위한 논문 작성법』, 서울대학교출판부, 38-52쪽에서 변형

1) 학술적 글쓰기의 목적과 학술적 글에 포함되어야 하는 요소는 무엇입니까?

2) 학술적 글쓰기를 위해 기존 자료를 활용할 때 주의해야 할 점은 무엇입니까?

3) 다음 **보기**의 요소들을 글의 내적·외적 형식으로 구분해 봅시다.

| 보기 | |
|---|---|
| 참고 문헌 밝히는 양식 | 보고서 표지 양식 | 독창적 주장 |
| 새로운 연구 방법 | 기존 연구에 대한 비판적 검토 | 서론의 구성 |
| 결론의 구성 | 논리적인 전개 | 주석 다는 방식 |
| 인용 방식 | | |

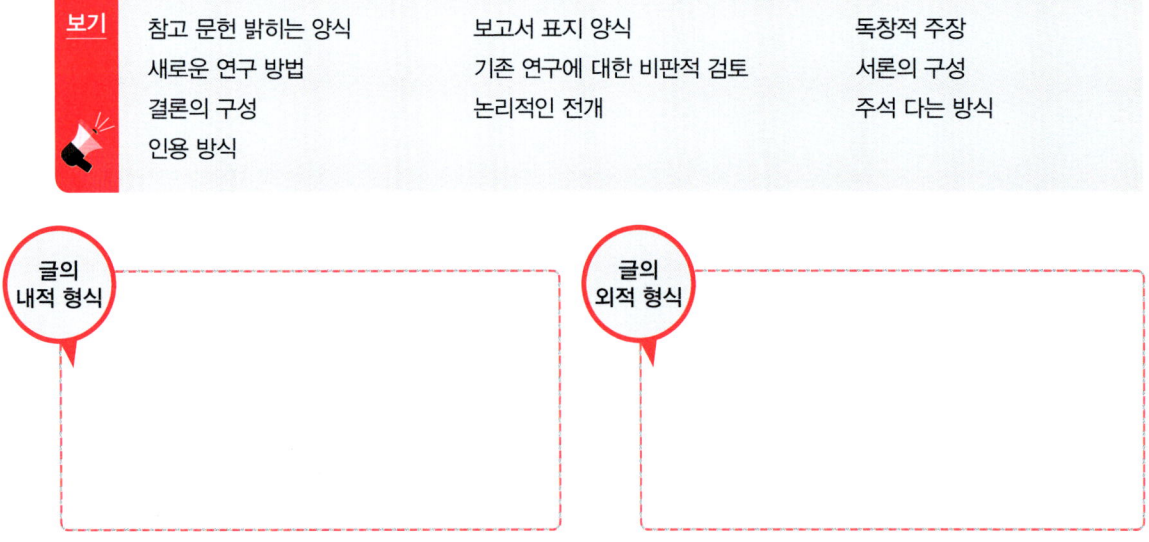

글의 내적 형식

글의 외적 형식

4) 여러 전공의 학술적 글쓰기는 어떠한 특징을 가질지 이야기해 봅시다. 여러분이 관심을 가지고 있는 분야의 학술적 글쓰기는 어떻습니까?

> 공학 분야　　　역사학 분야　　　경제학 분야　　　생물학 분야

❷ 다음은 학술적 글쓰기의 과정을 나타낸 표입니다.

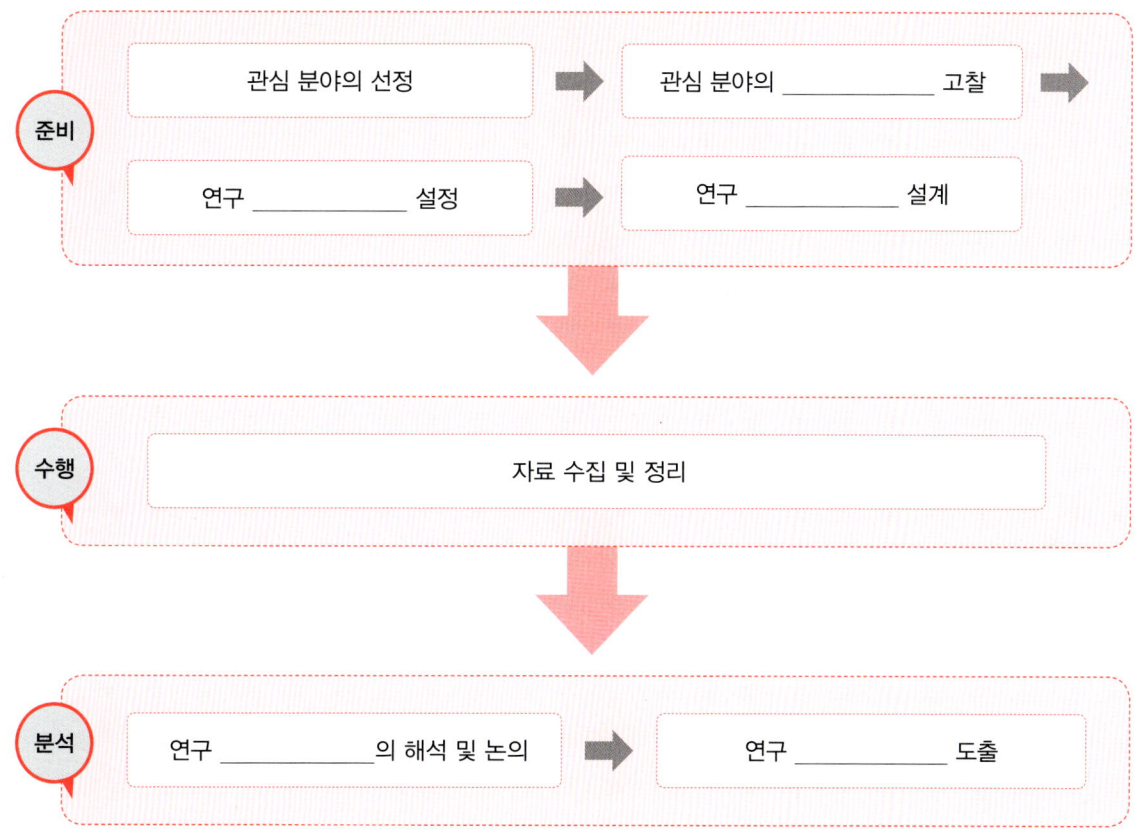

1) 다음 보기 중 적절한 표현을 골라 위 순서도를 완성하여 봅시다.

> 보기
> 선행 연구　　　결과　　　방법　　　문제　　　결론

2) 가장 중요하다고 생각되는 과정은 무엇입니까? 그 이유는 무엇입니까?

3) 가장 어려울 것으로 생각되는 과정은 무엇입니까? 그 이유는 무엇입니까?

연구 수행을 위해서는 적합한 연구 주제를 선정하고 타당한 연구 방법을 설계하는 것이 무엇보다 중요하다. 가치 있고 수행 가능한 연구 주제를 선정하기 위해서는 관련 분야의 이론과 선행 연구를 고찰하여 면밀히 검토하여야 한다. 또한 자신의 가설을 경험적으로 검증하기 위해 가장 타당한 연구 방법을 설계하여야 한다. 연구 방법이 적절하지 않다면 연구 결과를 신뢰할 수 없게 되므로 매우 중요한 부분이다.

정병기(2005), 『사회과학 글쓰기: 대학생을 위한 논문 작성법』, 서울대학교출판부, 86-87쪽에서 변형

## 보고서의 문체 알기

**1** 다음은 외국인 유학생에 대한 논문 중 서론의 일부입니다. 읽고 학술적 글쓰기의 문체적 특징에 대해 생각해 봅시다.

(가) 출입국·외국인정책본부 통계 자료에 따르면, 국내에 체류하는 외국인 유학생은 2014년 기준으로만 약 86,000여 명으로 매년 지속적으로 증가하고 있다. 외국인 유학생들은 학문적 공동체인 국내 대학에 진입한 후 한국어 원어민 교수자, 동료 한국인 학생들과 학술적인 지식을 학습하면서 그들과 지속적인 상호 작용을 통해 목표 언어 의사소통 능력도 향상시켜 나갈 것이라고 기대된다. 그러나 그들 중 많은 수가 대학 생활에 적응하지 못하거나, 성적 부진이나 중도탈락의 문제를 학교 안팎에서 계속 겪고 있는 것으로 보인다.

**(나)** 그 이유에 대해 기존의 문헌에서는 주로 제한적인 한국어 능력이나 문화 차이로 인한 부적응의 측면에서 설명하고 있다. 즉 개인의 언어 지식 처리 능력이 대학 생활과 학습의 성공을 좌우하는 강력한 요인으로 작용할 것이라고 전제하고 있는 것이다. 하지만 이러한 관점에는 그들이 학교 안팎의 생활에서 목표 언어를 어떻게 사용하며 살아가는지에 관한 서술, 즉 그들이 참여하고 있는 복잡한 사회 문화적 맥락이 간과되고 있다. 예를 들어 다인종·다국적·다언어의 배경을 갖고 있는 외국인 유학생이 국내 대학에서 제2언어인 한국어로 어떤 사회적 관계에 참여하는지, 또한 어떻게 학문적·언어적 지식을 습득하고 학문 공동체에 진입하고 있는지에 대한 연구는 부족하다.

**(다)** 본 연구의 목적은 외국인 유학생들이 한국의 대학 공동체에 어떻게 참여하고 있는지 내러티브(narrative) 자료로 이해하는 것이다. 이를 위해 연구자는 외국인 유학생 4명(예상)을 선정하여 그들의 학문 공동체의 경험에 대해 심층 면담을 수행할 것이다. 이는 어떠한 요인이 그들의 학문적·언어적 수행을 장려 혹은 방해하는지 탐색할 기회를 제공할 것이다. 또한 이 연구는 제2언어 교육 현장에서뿐만 아니라 대학 공동체의 구조적인 변화를 모색하는 것에도 의의가 있을 것이다.

박성원·신동일(2014), 「외국인 유학생의 학문공동체 참여에 관한 내러티브 연구」, 『교육인류학연구』, 17(1), 103-158쪽에서 변형

1) [가]~[다] 각 단락의 중심 내용을 다음 보기 중에서 골라 봅시다.

| 문제의 배경 | 연구 목적·내용·의의 제시 | 문제점 제기 |

2) 밑줄 친 '본 연구', '연구자'는 각각 무엇, 누구를 가리킵니까? 학술 텍스트에서 이러한 표현을 사용하는 이유는 무엇일지 생각해 봅시다.

3) 앞 글의 문체는 일상적 대화에서 사용하는 한국어와 어떻게 다릅니까? 다음 보기의 각 사항에 대해서 차이점을 생각해 봅시다.

보기

문장의 길이　　　사용하는 어휘　　　사용하는 문법

참고

**학술적 글쓰기를 할 때 주의할 점**

- 객관적인 기술을 위해서 가급적 필자의 주관을 드러내지 않는 객관적인 문체를 사용한다. 이에 따라 쓰고 있는 보고서를 가리킬 때는 '본고', '본 연구'와 같은 표현을 쓴다. 간혹 필자를 가리킬 때는 '나'가 아니라 '필자', '연구자'와 같은 표현을 쓴다.

- 학술 텍스트는 문어체로 쓰며 구어에 어울리는 문법 및 어휘(준말 등)는 사용하지 않는다.
  예) -아/어 가지고　→　-아/어서, -에 따라, -(으)므로
  　　하고　　　　　→　와/과
  　　한테　　　　　→　에게
  　　되게, 아주, 진짜　→　매우, 대단히, 크게

## 주제 정하기

**❶ 다음 보고서의 제목을 보고 각 연구의 목적과 내용이 무엇일지 예상하여 이야기해 봅시다.**

> - 정부 초청 외국인 대학원 장학생의 개인적 특성과 한국 문화 적응과의 관계
> - 외국인 노동자의 문화 적응 스트레스가 한국어 말하기 수행에 미치는 영향
> - 국내 체류 외국인의 한국 문화 적응과 모국 문화 친화도에 영향을 미치는 요인 — 영어권 외국인을 중심으로
> - 다문화 가정 아동 언어 능력 발달의 요인
> - 다문화 가정 자녀의 학업 수행에 대한 문화 기술적 연구

**❷ 다음 보기 중 적절한 어휘를 사용하여 논문 제목을 완성하여 봅시다.**

| 보기 | | | | |
|---|---|---|---|---|
| 실태 | 영향 | 효과 | 인식 | |
| 요인 | 방안 | 전망 | | |

1) 관세 및 비관세 장벽이 무역업체에 미치는 _____에 대한 연구

2) 기업 내 클라우드 컴퓨팅(cloud computing) 도입의 _____와/과 앞으로의 _____

3) 새터민들의 한국 사회 적응 _____와/과 개선 _____ 연구

4) 청소년들의 한국 역사 _____에 대한 연구
   − 한국 고등학생과 외국인 한국어 학습자를 중심으로

5) 정부 초청 외국인 대학원 장학생의 한국 문화 적응에 영향을 미치는 _____

3 다음 보기 중 적절한 어휘를 사용하여 보고서의 제목을 완성하여 봅시다.

> **보기**
> 의    이/가    에 대한    을/를 위한    에 미치는    에 따른

1) 재한 중국 유학생, 사회적 적응, 연구
   → _____

2) 살고 싶은 도시 실현, 정책 연구
   → _____

3) 아동의 텔레비전 시청 행태, 집중력, 영향
   → _____

4) 서울 도심 지역, 세대별 인식 비교
   → _____

5) 외국인 유학생, 대학 생활 적응, 한국 문화 이해 양상 연구
   → _____

**참고**

**주제 선정하기**
- 보고서의 주제는 보고서 제출의 목적, 주어진 시간과 자신의 능력을 모두 고려하여 현실적으로 연구 가능한 것으로 한다.
- 자신의 관심사나 향후 취업 및 진학 분야를 고려하여 주제 분야를 선정하고 구체적인 주제로 좁혀 나간다. 주제가 구체적일수록 연구의 범위가 좁혀져 현실적으로 연구를 수행하기가 쉽다.

**제목 정하기**
- 제목은 보고서에서 다룰 내용을 정확하게 포괄해야 한다. 핵심 주제어들로 구성하되, 연구 과제나 범위가 제목에 구체적으로 드러나도록 한다.
- 필요하면 부제를 붙여 주제의 중심 개념이나 대상을 밝힌다.

❶ 다음 기준을 참고하여 보기와 같이 구체적인 보고서 제목으로 고쳐 봅시다.

**기준**
- 범위를 제한하여 제목에 문제의식이 정확히 드러날 것
- 대학교 수업에서 한 학기 동안 완성하여 발표할 수 있는 주제일 것
- 대학생 수준에서 자료 수집과 분석에 큰 무리가 없을 것

**보기**
남성 화장품 사용
→ 남성의 색조 화장품 사용 양상과 인식에 대한 연구
　- 한국 남자 대학생 1, 2학년을 중심으로

1) 현대 한국 대중문화에 나타난 가족 문제

2) 한국의 네티즌 문화

3) 한국 전통문화의 계승 방안

4) 대체 에너지 도입 현황과 문제점


❷ 다음 보기 중에서 관심 분야를 골라 보고서의 제목과 대강의 내용을 정하여 발표해 봅시다.

| 보기 | | | | | |
|---|---|---|---|---|---|
| 한국 | 비교 | 교육 | 환경 | 언론 | 예술 |
| 정치 | 외교 | 사회 | 경제 | 대중문화 | 역사 |

제목:

내용:

## 쓰기 2

❶ 보고서의 주제를 생각해 보고 제목을 정해 봅시다.

1) 나의 관심사 또는 향후 전공 분야를 생각해 봅시다.

2) 구체적인 제목을 정해 봅시다.

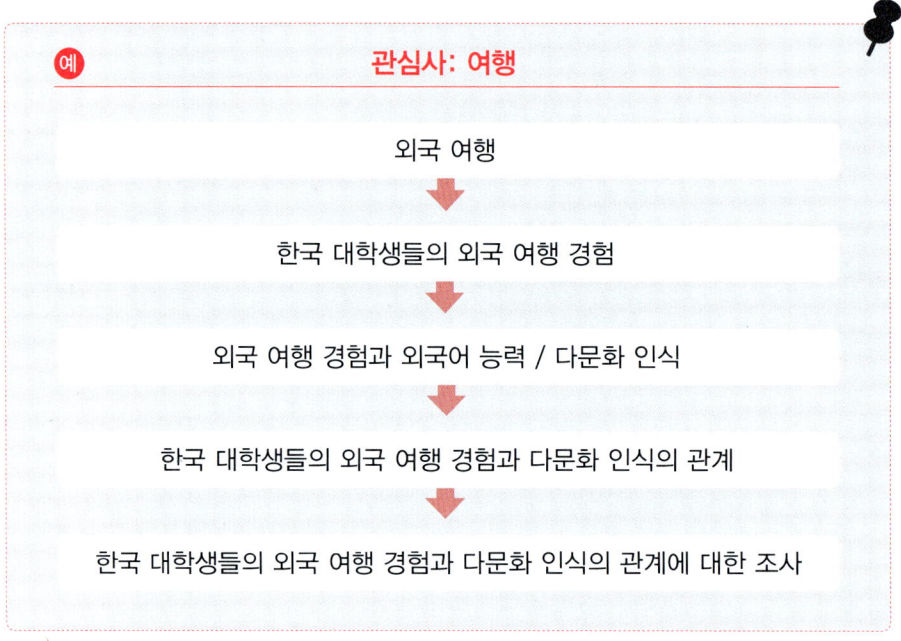

관심사: 여행

외국 여행
↓
한국 대학생들의 외국 여행 경험
↓
외국 여행 경험과 외국어 능력 / 다문화 인식
↓
한국 대학생들의 외국 여행 경험과 다문화 인식의 관계
↓
한국 대학생들의 외국 여행 경험과 다문화 인식의 관계에 대한 조사

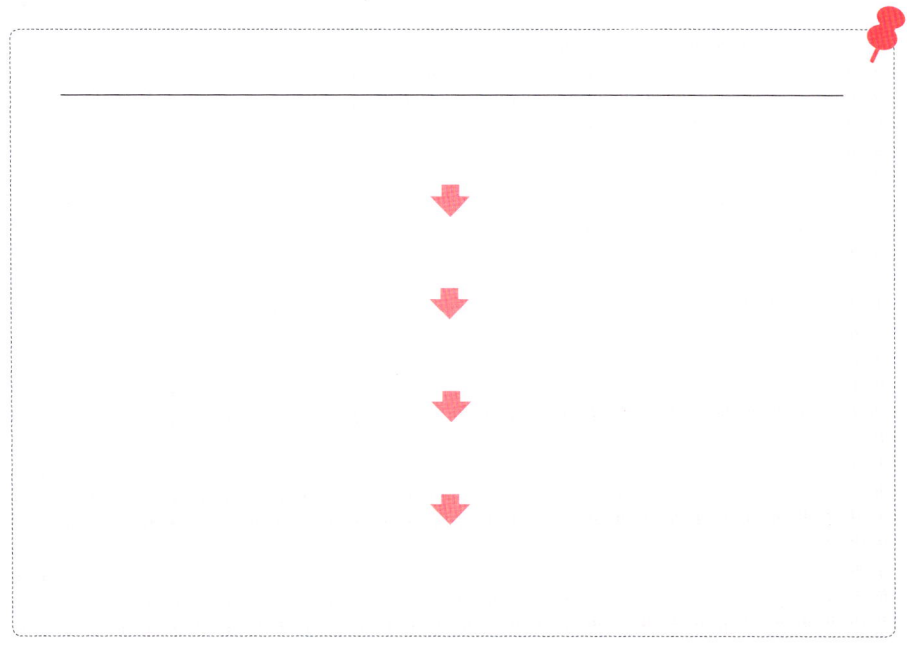

**2** **보고서의 도입 부분을 간단히 써 봅시다. 다음 내용을 포함하여 학술적 문체로 써 봅시다.**

1) 배경

2) 문제점

3) 목적 및 내용, 의의

**자기 평가**

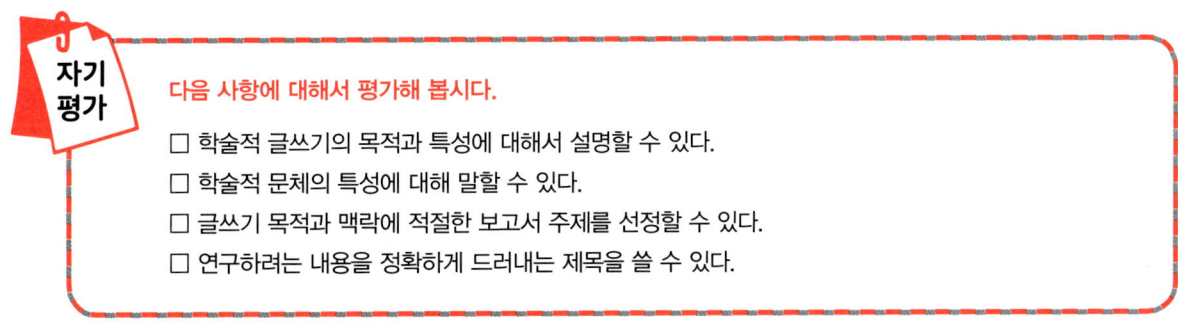

다음 사항에 대해서 평가해 봅시다.

☐ 학술적 글쓰기의 목적과 특성에 대해서 설명할 수 있다.
☐ 학술적 문체의 특성에 대해 말할 수 있다.
☐ 글쓰기 목적과 맥락에 적절한 보고서 주제를 선정할 수 있다.
☐ 연구하려는 내용을 정확하게 드러내는 제목을 쓸 수 있다.

# UNIT 2 자료 수집하기

● 다음 자료를 보고 질문에 답해 봅시다.

1. '김치의 유래와 요리 방법'에 대해서 보고서를 쓰려고 합니다. 어떤 매체를 통해서 자료를 찾으면 될지 생각해 봅시다.

2. 다음과 같은 자료들의 특성, 장점과 단점은 무엇인지 이야기해 봅시다.

- 신문
- TV/라디오 방송
- 백과사전
- 인터넷
- 학술지에 게재된 논문
- 출간된 책

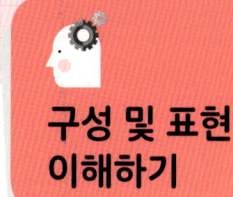

구성 및 표현 이해하기

## 🔦 학술 자료 검색하기

❶ 우리 대학교 도서관에서 자료를 검색하는 방법을 알아봅시다.

1) 도서관 홈페이지 주소는 무엇입니까?

2) 도서관 홈페이지에서 어떤 자료들을 이용할 수 있습니까?

❷ 우리 대학교 도서관에서 이용할 수 있는 데이터베이스의 종류와 사용 방법에 대해서 알아봅시다.

1) 국내 논문을 검색할 때 이용할 수 있는 데이터베이스는 무엇입니까?

2) 내 전공 분야의 논문을 많이 찾을 수 있는 데이터베이스는 무엇입니까?

3) 데이터베이스를 이용할 때 지켜야 하는 조건이 있습니까?(인증 절차, 접속 환경 등)

서울대학교 중앙도서관 홈페이지

❸ 논문 데이터베이스에서 다음 검색 조건을 활용하여 검색해 봅시다.

• '외국인', '한국 문화'라는 검색어로 '국내 학술지 논문'을 '인기도순'으로 검색해 봅시다.

| 통합 검색 | 학위 논문 | 국내 학술지 논문 | 학술지 | 단행본 |
| 정확도순 | 인기도순 | 연도순 | | |

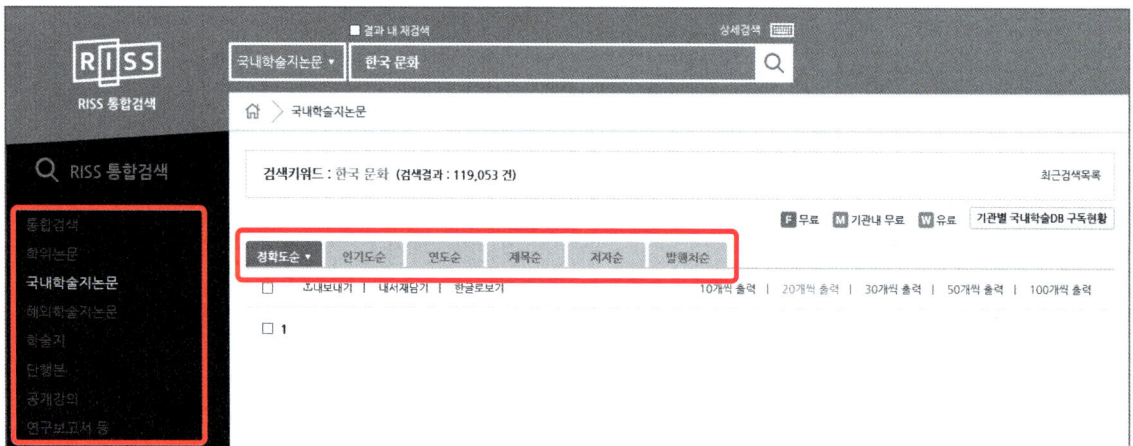

학술연구정보서비스 RISS 홈페이지

참고

**자료 검색을 통해서 얻을 수 있는 장점**
- 주제에 대한 지식을 쌓을 수 있다.
- 지금까지 어떤 논의가 있었는지 연구 동향을 파악할 수 있다.
- 다른 사람의 견해를 검토하며 자신의 생각을 정교화할 수 있다.

**TIPS**
- 논문 데이터베이스에서 비교적 자신의 주제와 가장 밀접하고 신뢰도가 높은 최근 연구 자료를 찾아 우선적으로 살펴본다. 이렇게 관련 있는 연구의 참고 문헌을 참고하면 더 많은 참고 문헌 목록을 얻을 수 있다.
- 참고 자료를 정리할 때 저자, 연도와 필요한 내용이 있는 쪽수를 같이 기록해 두면 나중에 서지 사항을 작성할 때 유용하다.

##  여러 가지 자료 찾기

❶ 다음은 '춘향전'에 대한 논문의 참고 문헌 중 일부입니다. 읽고 질문에 답해 봅시다.

 **기본 자료**
- 〈방자전〉(The Servant, 2010), 감독: 김대우.
- 〈춘향뎐〉(ChunHyang, 2000), 감독: 임권택.
- 김연수 다섯 마당 전집(동초 김연수 창 판소리 다섯 마당) 24CD, 2007.
- KBS2 드라마 〈쾌걸춘향〉(17부작), 2005.01.03.~2005.03.01.

 **참고 자료**
- 권상희·조은정(2009), TV 프로그램 장르별 의사 상호작용 차원에 관한 연구, 한국방송학보, 3권 2호, 51-101쪽.
- 김경용(2004), 기호학이란 무엇인가, 민음사.
- 신원선(2012), 〈춘향전〉의 문화콘텐츠화 연구 – 2000년 이후 영상화 양상을 중심으로, 석당논총, 52, 1-34쪽.

1) 다음 각 자료의 유형이 무엇인지 생각해 봅시다.

| 영화 | 판소리 음원 | 드라마 | 논문 | 단행본 |

2) '기본 자료'와 '참고 자료'의 성격은 어떻게 다릅니까?

 **참고**

**논문 작성을 위한 자료의 종류**
- 1차 자료/기본 자료: 연구하고자 하는 대상
- 2차 자료/참고 자료: 1차 자료를 분석, 평가, 해석하기 위한 참고 자료

논문이란 어느 정해진 도구들을 이용하여 어떤 대상을 연구하는 것이다. 종종 한 권의 책이 그 대상이 되며 다른 책들은 도구가 된다. 가령 「애덤 스미스의 경제 사상」이라는 논문이 그런 경우인데, 거기에서는 애덤 스미스의 책들이 대상이 되고 반면에 애덤 스미스에 대한 다른 책들은 도구가 된다.

움베르토 에코(2006), 『(움베르토 에코의) 논문 잘 쓰는 방법』, 열린책들, 69쪽 중에서

**2** 다음 논문 제목을 보고 연구의 대상이 되는 기본 자료가 무엇인지 이야기해 봅시다.

1) 『엄마를 부탁해』에 나타난 2인칭 시점의 효과

2) 20대를 위한 위로 서적에 나타난 자기 계발 담론 분석

3) ○○전자 재무 지표 분석 — 증시 공개 손익 계산서, 재무 상태표를 중심으로

4) 조선왕조실록을 통해 본 정조 시대의 미술 부흥 정책


**3** 다음 연구 제목에 나타난 연구 대상 자료를 어디서 찾을 수 있는지 이야기해 봅시다. 또 연구 대상의 범위를 구체적으로 정해 봅시다.

1) 한국 개화기 신문에 나타난 서구에 대한 인식
   - 자료를 찾을 수 있는 곳: 각 신문사 홈페이지
   - 구체적인 연구 대상: 한국 개화기 신문 조선일보, 동아일보의 창간호부터 1940년까지의 신문

2) 한국에서 다문화 정책에 대한 연구 동향
   - 자료를 찾을 수 있는 곳:
   - 구체적인 연구 대상:

**참고** 여러 가지 데이터베이스
- 한국영화 관련 데이터베이스 www.kmdb.or.kr
- 한국학 관련 데이터베이스 www.krpia.co.kr
- 국가통계포털 www.kosis.kr
- 조선일보 아카이브 archive.chosun.com
- 조선왕조실록 sillok.history.go.kr

3) 외국인 학습자들의 한국어 학습에 대한 인식 조사
   - 자료를 찾을 수 있는 곳:
   - 구체적인 연구 대상:

4) 2000년대 이후 한국 로맨스 영화 내용 분석 — 젊은 세대의 연애 양식을 중심으로
   - 자료를 찾을 수 있는 곳:
   - 구체적인 연구 대상:

5) 조선왕조실록을 통해 본 조선의 중국에 대한 인식의 변화
   - 자료를 찾을 수 있는 곳:
   - 구체적인 연구 대상:

##  참고 자료의 서지 사항 쓰기

**1** 보기를 보고 논문과 단행본의 서지 사항에 다음 요소들이 어떤 순서로 들어가는지 순서대로 써 봅시다.

**보기**
- 김기홍(2009), 허구 서사 애니메이션의 관객 몰입 매커니즘 연구 — 구성주의 인지서사학적 접근을 중심으로, 만화애니메이션연구, 17호, 27-51쪽.
- 이민희(2007), 조선의 베스트셀러, 프로네시스.

| 저자 | 논문/단행본 제목 | 수록 쪽수 | 논문/단행본 발간 연도 |
|---|---|---|---|
| 학술지 제목 | 학술지 권 · 호수 | 출판사 | |

- 학술 논문: _____ (_____), _____, _____, _____, _____.
- 단행본:   _____ (_____), _____, _____.

**참고**

**서지 사항과 참고 문헌**

**참고 문헌 유형별 서지 사항 작성 예**

| 단행본 | 필자(출판 연도), 저서 제목, 출판사.<br>예) 이익섭(2008), 한국의 언어, 신구문화사. |
|---|---|
| 학위 논문 | 필자(학위논문 발표 연도), 논문 제목, 대학 및 학위.<br>예) 류진아(2014), 변화하는 사회 속에서의 가족 가치관: 한국과 말레이시아의 비교 연구, 서울대학교 국제대학원 석사학위논문. |
| 학술지 논문 | 필자(출판 연도), 논문 제목, 학술지명, 권호수, 수록 쪽수.<br>예) 조혜영·서덕희·권순희(2008), 다문화가정 자녀의 학업수행에 관한 문화기술적 연구, 교육사회학연구, 18(2), 105-134쪽. |
| 번역서 | 원저 서지 사항 [번역서 서지 사항].<br>예) Crosswhite, J.(1996), *Rhetoric of Reason: Writing and the Attractions of Argument*, University of Wisconsin Press [오형엽 역(2001), 이성의 수사학: 글쓰기와 논증의 매력, 고려대학교 출판부]. |
| 영상 자료 | 제목(영문 제목, 연도), 감독 또는 드라마 상영 연도 등.<br>예) 〈춘향뎐〉(ChunHyang, 2000), 감독: 임권택. |
| 신문 자료 | 기사 제목, 신문 제목, 날짜, 수록 면수<br>예) "다문화 자녀 20%는 '니트족'…취업 교육에서 소외", 연합뉴스, 2015년 11월 19일, A14. |
| 인터넷 자료 | 자료 이름(사이트 이름, 글 제목), 상세한 웹 주소(검색일: ○○년 ○월 ○○일).<br>예) 통일연구원 도서관, www.kinu.or.kr(검색일: 2012년 1월 15일). |

**2** 다음은 데이터베이스에서 참고 문헌을 검색한 결과입니다. 각 정보를 보고 유형별 참고 문헌의 서지 사항을 작성 형식에 맞게 써 봅시다.

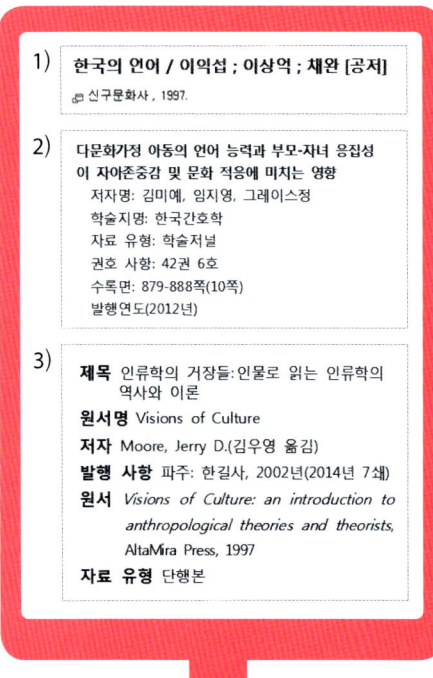

**3** 다음 서지 사항에서 잘못된 부분을 찾아 바른 형식으로 고쳐 봅시다.

1) 조창환·성윤희(2010), 국내 체류 외국인의 한국문화적응과 모국문화친화도에 영향을 미치는 요인, 54(4).

2) 태진미(2011). 창의적 융합인재양성. 왜 예술교육에 주목하는가? 영재교육연구, 21(4),

3) 김선남(2007), 중국 유학생의 국내 대학적응을 위한 커뮤니케이션 전략 연구, 정치·정보연구, 185~206.

4) 이태준, 이태준의 문장강화, 랜덤하우스

5) 2015 출입국 외국인 정책 통계

① **다음 보기의 주제 중 하나를 골라 관련 자료를 검색해 봅시다.**

보기
- 한국 연예 매니지먼트 시스템 고찰 — ○○엔터테인먼트 회사를 중심으로
- 한국 TV 드라마에서 여성의 위치 — 2000년대 이후 트렌디 드라마를 중심으로
- 연구반 학생들의 한국어 학습 동기를 통해 본 한국의 매력 연구
- 춘향전의 현대적 변용 양상 — TV 드라마와 영화, 창작 뮤지컬을 중심으로
- 한자 정책이 독해력에 미치는 영향 — 한국과 일본의 중학생을 중심으로

1) 이 주제에 대하여 연구하기 위해 어떤 유형의 자료가 필요할지 생각해 보고, 이 자료를 어떻게 활용할지에 대해서 이야기해 봅시다.

- 1차 자료로 어떤 자료가 필요합니까?
- 2차 자료로 어떤 자료가 필요합니까?

| 영화 | 드라마 | 다큐멘터리 | 역사 기록 | 학습자 작문 |
|---|---|---|---|---|
| 논문 | 보고서 | 단행본 | 개론서 | 정부 발표 통계 자료 |
| 신문 기사 | 잡지 기사 | TV 뉴스 | 웹사이트 | 개인 블로그 |
| 인터넷 커뮤니티 | | | | |

2) 필요한 자료는 어떤 데이터베이스에서 찾아야 합니까?

3) 데이터베이스에서 적당한 검색어로 검색하여 필요한 자료들을 찾아봅시다. 찾고자 하는 결과가 나오지 않으면 검색어를 바꿔서 검색해 보고 검색 조건도 바꿔 봅시다.

4) 가장 유용할 것 같은 자료를 5개 선정하고 양식에 맞게 서지 사항을 써 봅시다.

- _____
- _____
- _____
- _____
- _____

**쓰기 2**

❶ 우리 학교 도서관에서 제공하는 데이터베이스에서 내 보고서에 필요한 자료를 검색해 봅시다.

1) 보고서 주제의 핵심어를 이용하여 관련 논문/단행본을 검색해 필요한 자료를 찾아봅시다.

- 도서관 자료를 검색하여 자신의 주제와 관련 있는 단행본 제목과 청구 기호를 메모한 후 책을 3권 이상 찾아 대출하여 읽어 봅시다.
- 데이터베이스를 검색하여 자신의 보고서 주제와 관련 있는 논문을 3권 이상 찾아봅시다.

2) 찾은 참고 문헌의 서지 사항을 써 봅시다.

- 단행본

- 학위 논문

- 학술지 논문

3) 수집한 자료 중 가장 중요한 논문을 골라 읽고 요약해 봅시다.

**다음 사항에 대해서 평가해 봅시다.**
- ☐ 주제에 대해 심도 있게 논의하기 위한 자료를 양적·질적으로 충분하게 수집할 수 있다.
- ☐ 보고서를 작성하기 위해 자료를 체계적으로 분류할 수 있다.
- ☐ 수집한 자료에서 중요한 논문을 골라 정독하고 요약·정리할 수 있다.

# UNIT 3 계획 세우기

● 다음 자료를 보고 질문에 답해 봅시다.

**한국의 다문화 가정 학생 관련 연구 주제**
- 진로 교육 현황 및 문제점
- 학교생활 적응 양상
- 한국인 정체성
- 한국인의 다문화 인식 및 태도에 관한 연구 동향
- 일반 학생과의 학업 성취도 격차

1. 왼쪽 메모는 한국의 다문화 가정 학생과 관련하여 알고 싶은 연구 주제를 나열해 본 것입니다. 각 주제에 대해서 어떻게 조사하면 좋을지 이야기해 봅시다.

2. 다음 연구 방법을 사용하고자 한다면 여러 연구 주제 중 적합한 것은 무엇일지 이야기해 봅시다.

- 선행 연구
- 검토
- 통계 결과 분석
- 인터뷰 수행

## 연구 문제 정하기

**1** 다음은 다문화 관련 논문 두 편의 연구 문제 부분입니다. 읽고 질문에 답해 봅시다.

(가)

본 연구는 외국인 유학생들의 한국에서의 문화 적응과 생활에 따른 스트레스를 분석함으로써 유학생들의 삶의 실태를 객관적으로 파악하여 그들을 위한 복지적 관점의 방안을 제시하는 데 그 목적이 있다. 이러한 목적을 위해 설정한 연구 문제는 다음과 같다.

첫째, 국내 외국인 유학생의 일반적 특성과 문화 적응 스트레스, 생활 스트레스의 정도는 어떠한가?

둘째, 일반적 특성에 따라 국내 외국인 유학생의 문화 적응 스트레스와 생활 스트레스에 차이가 있는가?

셋째, 국내 외국인 유학생의 문화 적응 스트레스와 생활 스트레스에 영향을 미치는 변인들은 무엇인가?

나임순(2006), 「외국인 유학생의 문화적응 스트레스와 생활 스트레스에 미치는 영향」, 『한국비영리연구』, 5(2), 159-197쪽 중에서

(나)

따라서 본 연구에서는 지금까지 이루어진 다문화 가정 자녀에 대한 연구를 조사·분석해 보고 이를 통해 다문화 가정 자녀에 대한 연구 동향을 파악할 것이다. 구체적인 내용은 다음과 같다.

1) 다문화 가정 자녀 연구의 연구 연도별, 연구 유형별, 연구 주제별, 연구 대상별, 연구 지역별 동향은 어떠한가?

2) 다문화 가정 자녀 연구의 연도에 따른 연구 유형, 연구 주제, 연구 대상, 연구 지역의 동향은 어떠한가?

3) 다문화 가정 자녀 연구의 연구 유형에 따른 연구 주제, 연구 대상, 연구 지역의 동향은 어떠한가?

4) 다문화 가정 자녀 연구의 연구 주제에 따른 연구 대상, 연구 지역의 동향은 어떠한가?

5) 다문화 가정 자녀 연구의 연구 대상별 연구 지역의 동향은 어떠한가?

김광웅·박현숙(2012),
「다문화가정 자녀 연구 동향」,
『놀이치료연구』, 15(4),
459-485쪽 중에서

1) 각 연구의 연구 목적은 무엇입니까?

2) 각 연구의 연구 문제는 연구 목적과 어떤 관련을 맺고 있습니까?

> **참고**
>
> **연구 문제**
>
> 연구 문제란 보고서에서 답하고자 하는 질문에 해당한다. 먼저 연구 목적을 정한 뒤, 이를 위해 파악해야 할 내용을 구체적인 질문의 형식으로 만들어 본다.

 **2** 다음 연구 목적을 읽고 보기와 같이 적절한 연구 문제를 3개 이상 써 봅시다.

> **보기**
>
> 본 연구에서는 한국 대학생들의 외국 여행 경험에 따라 다문화 인식이 어떻게 다른지 알아보고자 한다. 이를 위해 선정한 연구 문제는 다음과 같다.
>
> 첫째, <u>한국 대학생들의 외국 여행 경험의 시기와 빈도는 어떠한가?</u>
> 둘째, <u>한국 대학생들은 다문화에 대해서 어떤 인식을 가지고 있는가?</u>
> 셋째, <u>한국 대학생들의 외국 여행 경험과 다문화 인식은 어떤 관계를 갖는가?</u>

언어 문제나 문화적 적응, 경제적인 문제 등 현실적 난제들에 직면하면서 겪는 스트레스에 관한 연구가 부족하였다. 그러므로 국내에서 공부하고 있는 외국인 유학생이 급증하고 있는 현 시점에서 한국에 체류 중인 외국인 유학생들이 경험하는 문화 적응 스트레스와 생활 스트레스에 관한 연구가 필요하다.

　　따라서 본 연구에서는 대상자로 선정된 외국인 유학생들의 일반적 특성과 그들이 실제로 경험하는 한국에서의 문화 적응과 생활에 따른 스트레스를 분석함으로써 유학생들의 실태를 객관적으로 파악하여 복지적 관점에서 외국인 유학생들의 성공적인 유학 생활을 도울 수 있는 방안을 종합적으로 모색하고자 한다. 이에 따라 구체적인 연구 문제는 다음과 같다.

첫째, _____.
둘째, _____.
셋째, _____.

### ❸ 다른 학생들이 정한 연구 문제를 보고 평가해 봅시다.

1) 연구 문제의 내용이 구체적인가?

2) 연구 목적과 유기적인 관계를 맺고 있는가?

3) 연구자가 조사를 통해서 해결할 수 있는 질문인가?

## 연구 방법 정하기

**1** 다음은 두 논문의 연구 방법 부분입니다. 읽고 질문에 답해 봅시다.

(가)

본 연구의 설문 조사는 2006년 10월 5일부터 10월 24일까지 이루어졌다. 본 연구에서는 연구 목적을 위해 구조화된 설문지로 양적 조사를 실시하였는데, 정확한 조사를 위해 한국어로 작성한 설문지를 중국어와 영어로 번역할 때 이중 언어자가 번역한 뒤 그 내용을 다시 해당 언어 전공 교수가 감수하는 절차를 거쳤다.

이렇게 제작한 설문지를 통해 실제 설문 응답을 받을 때는 외국인 유학생들을 조사자로 삼았다. 본 연구가 외국인 유학생들을 대상으로 한 것이기 때문에 정확한 응답을 얻기 위해서는 동일한 언어를 사용하는 조사자들이 조사를 수행하는 것이 유리하다고 생각하였기 때문이다. 외국인 유학생들이 조사를 수행하기 전에, 연구자는 조사자들에게 조사 내용 및 방법 그리고 면담 시 유의해야 할 사항에 대하여 사전 교육을 실시하였다.

설문 대상 전체 응답자 수는 294명이었다. 그러나 성의 없이 응답하였거나 응답하지 않은 항목들이 있어 분석에 사용할 수 없는 설문지가 있었기에 이는 선별하여 연구 대상에서 제외하였으며, 그중에서 275부를 최종 분석에 사용하였다.

나임순(2006),
「외국인 유학생의 문화적응 스트레스와 생활 스트레스에 미치는 영향」, 『한국비영리연구』, 5(2), 159-197쪽 중에서

(나)

본 연구에서는 국회 도서관과 중앙 도서관의 DB를 검색하여 나온 다문화 자녀와 관련된 논문 중 2012년 4월 현재 한국연구재단에 등재되어 있거나 후보로 있는 학술지를 대상으로 분석하였다. 각 도서관의 DB를 분석한 결과 약 750여 개의 다문화 관련 연구가 검색되었는데, 이 중 교과 과정 개발, 학과목 능력 향

상을 위한 교수법 개발, 언어 교육 및 언어 능력만을 변인으로 하는 논문은 제외하였다. 또한 다문화 자녀의 범주 안에서 조기 유학과 장애 자녀를 대상으로 하는 논문도 제외하여 최종적으로 273개의 논문을 선정하여 분석하였다. 이들 교육과 관련된 논문을 제외한 이유는 다문화 자녀 교육 관련해서는 그동안 많은 문헌 연구가 이루어진 바 있으며, 교과 과정 개발 및 교수법 개발은 교육학의 범주에 해당하기 때문이다.

김광웅·박현숙(2012), 「다문화가정 자녀 연구 동향」, 『놀이치료연구』, 15(4), 459-485쪽 중에서

1) (가), (나)의 연구 자료는 각각 무엇이며, 어떤 절차를 통해 수집되었습니까?

(가)

(나)

2) (가), (나)에서 연구 자료를 수집하고 선정하는 데에 있어서 각각 어떤 점을 고려하고 있는지 이야기해 봅시다.

참고

**분석 자료의 성격에 따른 연구 방법**
- 문헌 연구: 관련 문헌 자료를 분석한다.
- 경험 연구: 직접 연구 대상자들에게 자료를 수집하여 분석한다.(설문 조사, 사례 조사, 면담(인터뷰), 방문, 전문가 인터뷰, 인터넷 게시판이나 이메일 분석 등)

**2** 경험적 연구 방법은 연구의 관점에 따라서 양적 연구 방법과 질적 연구 방법으로 나눌 수 있습니다. 다음 글을 읽고 보기의 특성 중 각 연구 방법과 관련이 깊은 것을 골라 써 봅시다.

경험적 연구 방법에는 양적 연구와 질적 연구의 두 관점이 있다. 측량이나 측정이 가능한 방법론을 사용하면 양적 연구에 해당하며, 그렇지 않을 경우에는 질적 연구로 본다. 양적 연구는 객관적이고 엄격한 절차에 따라 계량 가능한 실험이나 조사 및 관찰을 통해 연구를 수행하는 반면, 질적 연구는 다양성을 추구하기 때문에 정해진 절차가 존재하지 않아 상대적으로 연구자의 주관이 개입할 여지가 크다. 이 두 관점은 근본적으로 무엇이 진리인지에 대한 관점이 다르다고 할 수 있다. 양적 연구는 양적으로 많은 자료에 대한 통계적 분석을 통해 현상을 일반화하면 최대한 진리에 가깝게 다가갈 수 있다고 본다. 반면 질적 연구는 일반화 가능성에 대해 회의적이며 소수의 사례를 복잡한 상황 맥락의 여러 요소들을 두루 반영하여 심층적이고 총체적으로 기술하는 것 자체에 목적을 둔다. 즉 관찰 방식을 사용할 때도 직접 참여하여 심도 있는 관찰을 하고, 면담일 경우에는 심층 면담을 수행한다.

| 보기 | | |
|---|---|---|
| 객관성 추구 | 연구자의 주관 개입 가능성 | 상황 맥락 고려 |
| 계량 가능 | 다양성 | 일반화 가능성 |
| 참여 관찰 | 통계 분석 | 다수/소수에 대한 자료 |

**양적 연구**

**질적 연구**

❸ 다음 보기의 연구 제목을 보고 어떤 연구 방법이 적합할지 생각해 봅시다. 또 그 이유를 이야기해 봅시다.

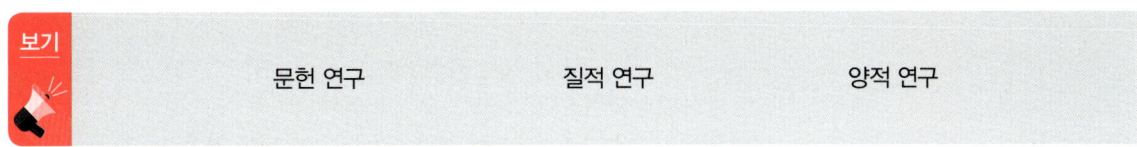

| 보기 | 문헌 연구 | 질적 연구 | 양적 연구 |

1) 다문화 가정 고등학생의 진로 교육 현황 — 서울 지역 S고등학교의 사례를 중심으로

2) 다문화 가정 학생과 일반 학생의 학업 성취도 격차 연구 — 2010년 이후 국가 시행 학업 성취도 성적 분석을 중심으로

3) 한국 대학생의 다문화 인식 및 태도에 관한 연구 동향

4) 서울 지역 초등학교를 중심으로 살펴본 다문화 교수 방법의 딜레마와 이슈들

## 쓰기 1

**1** 다음 **보기**의 주제에 대해서 연구 문제 및 적절한 연구 방법을 정해 봅시다.

> **보기**
> 언어교육원 연구반 학생들의 학습 동기에 따른 숙제 제출률 조사
> 중국인 유학생을 위한 한국어 한자어 어휘 교육 방안
> 한국에 거주하는 외국인들의 한국 음식 선호도 및 인식 조사
> 일본에서 신한류 현상의 현황과 특징에 대한 연구 ― 케이팝을 중심으로

목적:

연구 문제: 1)
2)
3)

연구 방법:

**2** 위 **1**에서 논의한 내용을 보고서의 연구 방법 부분으로 써 봅시다.

본고에서는 _____ 고자
_____ 한다. 본고의 연구 문제는 다음과 같다.
첫째, _____
_____
둘째, _____
_____
셋째, _____
_____
이를 위해 _____ .
이러한 연구 방법을 택한 이유는 _____
_____ (이)기 때문이다. 이러한 접근은 _____
_____ 다/라는 장점이 있다. 이를 통해서 _____
_____ (으)ㄹ 수 있을 것이다.

40 서울대 한국어⁺ 학문 목적 쓰기

**쓰기 2**

❶ 내 보고서의 연구 문제를 생각해 봅시다.

目적:

연구 문제: 1)
　　　　　2)
　　　　　3)

연구 방법:

❷ 연구 문제를 해결하기 위해 어떤 연구 방법이 적절한지 생각해 봅시다.

**자기 평가**

다음 사항에 대해서 평가해 봅시다.
☐ 연구 주제와 관련 있는 적절한 연구 문제를 선택할 수 있다.
☐ 명확하고 유의미하며 실현 가능한 과업들로 이루어진 연구 문제를 선택할 수 있다.
☐ 연구 문제를 해결하기 위해 가장 적절한 연구 방법을 선정할 수 있다.
☐ 연구 방법의 특성과 한계 및 보완점을 고려하여 연구를 진행할 수 있다.

# UNIT 4 조사 준비하기

● 다음 자료를 보고 질문에 답해 봅시다.

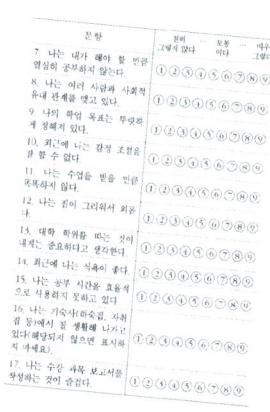

1. 설문지를 작성하거나 응답해 본 적이 있는지 이야기해 봅시다.

2. 응답자의 입장에서 어떤 설문지가 응답하기 쉬울지 이야기해 봅시다. 연구자는 응답의 편의를 높이기 위해서 설문지를 어떻게 구성해야 할까요?

## 조사 계획 세우기

**1** 다음 글은 다문화 가정 아동에 대한 논문의 조사 방법 부분입니다. 읽고 질문에 답해 봅시다.

**(가) 조사 대상**

본 연구의 대상자는 초등학교 3, 4학년 다문화 가정 아동이다. 학령기 아동 중 3학년 미만의 아동을 연구 대상으로 삼지 않은 이유는 질문지 문항들을 이해하고 스스로 응답할 수 있는 연령을 고려하였기 때문이다. 연구 대상자는 초등학교나 지역 센터를 중심으로 편의 표집에 의해 추출되었으며, 2010년 5월에서 7월까지 서울시와 경기도 및 대구시와 경북 지역에 거주하는 다문화 아동 138명과 그들의 어머니를 대상으로 질문지를 이용하여 자료를 수집하였다. 대상자의 윤리적 측면을 고려하여 설문 조사를 하기 전에 본 연구자가 연구 대상 아동에게 연구의 목적, 소요 시간, 연구의 무해성, 연구 참여자의 익명성과 비밀 유지에 대한 설명을 한 후에 설문지를 배부하였다. 설문지 배부 시 참여를 원하는 아동에게만 배부하였으며, 어머니에게는 동의서를 함께 배부하여 자신과 자녀가 연구에 참여하는 것을 동의한 경우에만 질문지에 응답하도록 하였다. 또한 대상자에게 설문에 응한 보답으로 소정의 선물로 사례하였다.

**(나) 조사 도구**

본 연구에서는 다문화 아동의 언어 능력을 측정하기 위해 2009년 보건복지부에서 시행하였던 전국 다문화 가족 실태 조사에서 사용된 한국어 실력 평가 문항을 수정·보완하여 사용하였다. 이 척도는 한국어 말하기, 읽기, 쓰기, 듣기로 나누어서 4점 리커트 척도로 평정하며, 점수가 높을수록 한국어를 편하게 사용하고 있음을 의미한다. 또한 다문화 아동의 부모와의 응집성을 측정하기 위해 Olson, Sprenkle과 Russell(1979)이 개발한 가족 적응 및 응집성 척도(Family Adaptation and Cohesion Evaluation Scales II: FACES II) 중에서 부모와의 응집성을 평가하는 10문항을 본 연구자가 번안한 후, 이중 언어자이면서 가족학을 전공한 교수가 정확한 의미 전달 여부를 파악하고 내용 타당도를 검증하여 사용하였다. 이 척도는 5점 리커트 척도로 평정하며, 점수가 높을수록 부모와의 응집성이 높은 것을 의미하는데, 본 연구에서는 아버지 및 어머니와의 응집성에 대해 각각 응답할 수 있도록 하였다.

김미예·임지영·그레이스정(2012), 「다문화가정 아동의 언어능력과 부모-자녀 응집성이 자아존중감 및 문화적응에 미치는 영향」, 『한국간호과학회』, 42(6), 879-888쪽 중에서

1) 조사 대상 집단을 선정한 근거는 무엇입니까?

2) 연구자가 연구 참여자들의 권리를 침해하지 않기 위해 고려한 점은 무엇입니까?

3) 본 연구에서는 연구의 신뢰도를 확보하기 위해 설문지 작성에서 어떤 과정을 거쳤습니까?

참고

**구체적인 조사 방법 정하기**

구체적인 조사 방법, 자료 처리 방법 등을 계획하며, 과학적 근거에 따라 체계적으로 수행할 수 있는 방안을 찾는다. 조사 방법을 결정할 때 다른 논문에서 이미 개발된 객관적인 조사 및 분석 도구가 있다면 변용하여 사용하는 것도 좋다. 또 조사 기간, 조사 가능한 인원 등 현실적인 여건을 고려하여 실현 가능한 계획을 세운다.

**설문지 작성하기**

❶ 다음 표는 외국인의 문화 적응과 관련한 연구에서 작성된 설문 내용의 일부입니다.

1) 다음 표에 있는 '설문 내용'이 어떤 항목을 묻기 위한 것인지 보기에서 골라 써 봅시다.

| 보기 | 모국 문화 친화도 | 인적 상호 교류 | 한국 문화 적응도 |
| | 미디어 사용 | 한국에 대한 태도 | |

| 항목 | 설문 내용 |
| --- | --- |
| (가) _____ | • 나는 한국화되었다고 느낀다.<br>• 나는 한국 사회에 강한 소속감을 가지고 있다.<br>• 나는 한국 문화를 많이 그리고 가깝게 느낀다.<br>• 나는 인생의 여러 면에서 한국식으로 사고하고 행동한다. |
| (나) _____ | • 나는 모국 문화에 매력을 느낀다.<br>• 나는 모국 문화에 강한 소속감을 가지고 있다.<br>• 나는 모국 문화를 많이 그리고 가깝게 느낀다.<br>• 나는 인생의 여러 면에서 모국식으로 사고하고 행동한다. |
| (다) _____ | • 나는 한국 문화에 대해 우호적이다.<br>• 나는 한국 문화가 마음에 든다.<br>• 나는 한국 문화에 대해 긍정적이다. |

조창환·성윤희(2010), 「국내 체류 외국인의 한국문화적응과 모국문화친화도에 영향을 미치는 요인」,
『한국언론학보』, 54(4), 374-397쪽 중에서 변형

2) 다음 각 항목에 대하여 묻기 위해 설문지에 어떤 내용을 포함시켜야 할지 생각해 봅시다.

| 항목 | 설문 내용 |
| --- | --- |
| 모국인/한국인과의<br>개인적 상호 교류 | • 한국/모국의 조직이나 집단에서의 활동 정도<br>• 한국인/모국인과 보내는 시간<br>• 정기적으로 어울리는 한국인/모국인 친구의 수 |
| 모국어/한국어 사용 | •<br>•<br>• |
| 모국/한국의 미디어 사용 | •<br>•<br>• |

3) 앞 2)에서 도출한 설문 내용을 토대로 설문 문항을 작성해 봅시다.

| 문항 | 전혀 그렇지 않다 | 그렇지 않다 | 보통 | 그렇다 | 매우 그렇다 |
|---|---|---|---|---|---|
| 나는 대부분 한국인 회원으로 구성된 조직이나 사회 집단(예, 교회, 클럽 등)에서 활발하게 활동한다. | ① | ② | ③ | ④ | ⑤ |
| 나는 시간의 대부분을 한국 사람들과 보낸다. | ① | ② | ③ | ④ | ⑤ |
| 나는 함께 어울릴 한국 사람들이 많다. | ① | ② | ③ | ④ | ⑤ |
|  | ① | ② | ③ | ④ | ⑤ |
|  | ① | ② | ③ | ④ | ⑤ |
|  | ① | ② | ③ | ④ | ⑤ |
|  | ① | ② | ③ | ④ | ⑤ |
|  | ① | ② | ③ | ④ | ⑤ |
|  | ① | ② | ③ | ④ | ⑤ |

4) 다른 학생이 작성한 설문지에 응답하면서 다음 사항을 고려하여 평가해 봅시다.

> **고려 사항**
> - 문항 내용이 명확하며 이해하기 쉬운가?
> - 한 문항에서 한 가지 요소를 묻고 있는가?
> - 문항 내용이 응답자에게 불쾌감을 주지는 않는가?
> - 연구에서 측정하고자 하는 내용을 정확하게 묻고 있는가?

> **참고** **설문지 작성 절차**
>
> 1) 선행 연구를 검토하여 설문 조사의 목적과 요소를 확정한다.
>
> 2) 설문지의 목적과 요소에 따라서 질문을 작성한다.
>    - 설문지 앞에 연구자를 밝히고 감사하는 글을 쓴다.
>    - 질문의 배열은 논리적으로 하며 지나치게 길지 않도록 한다.
>    - 한 질문에서는 한 가지를 물어야 하며 설문 목적에 일치해야 한다.
>    - 문장은 간단하고 명확해야 한다.
>    - '모른다', '의견이 없다', '기타' 항목도 필요에 따라 삽입한다.
>    - 질문 뒷부분에서 성별이나 나이 등의 기본적인 정보를 조사한다.
>
> 3) 설문이 완성되면 응답 대상자와 유사한 대상에게 예비 조사를 하여 설문 내용을 수정한다.
>
> 4) 응답률을 높이기 위해 적절한 방식으로 배포한다(인터넷 설문 조사 사이트, 이메일, 직접 대면 요청 등).

 면담 조사하기

**1** 다음 글은 외국인 유학생에 대한 논문 중 연구 방법 부분의 일부입니다. 읽고 질문에 답해 봅시다.

**(가) 참여자 선정**

본 연구의 참여자인 대학원 유학생 네 명은 서울시에 위치한 A대학에 재학 중이다. 연구자들은 다음과 같은 조건을 고려해 참여자 네 명을 선정하였다. 첫째, 한국어를 제2언어로 사용한다. 둘째, 한국에 2년 이상 거주하며 학업에 참여한 경험이 있다. 셋째, 한국어 원어민 화자들과 다양한 공동체에서 구어적 의사소통 경험이 있다. 넷째, 성별과 문화적 차이에서 오는 요인을 배제하고자 하나의 성별과 국적에 한정하지 않는다.

**(나) 자료 수집**

본 연구는 2013년 5월부터 12월까지 총 8개월 동안 수행되었다. 연구자는 한 달에 2~3회씩 개별 연구 참여자를 만나 심층 면담을 수행하였는데, 한 명의 참여자와 나눈 총 면담 시간은 평균 11시간 20분이었다. 면담이 시작되기 전 연구자는 참여자들에게 연구의 목적에 대해 상세히 설명했고, 각 참여자로부터 연구 참여에 대해 서면 동의를 구했다. 면담은 주로 학교 안에 있는 세미나실에서 이루어졌고, 면담을 마친 후에 식사나 차를 마시면서 학업이나 일상에 관한 추가적인 이야기를 들을 수 있었다.

연구자들은 우선적으로 참여자들이 고국에서 한국으로, 대학생에서 대학원생으로 공간 및 시간이 이동되면서 각각 어떻게 학업 공동체 내부에서 감정, 태도, 정체성의 변화를 경험했는지 주목했다. 아울러 참여자의 심층 면담, 연구자 저널, 그리고 동료나 교수자들과의 추가 면담을 통해 그들의 참여 및 사회화 경험을 폭넓게 이해하고, 그들이 스스로 어떻게 자신의 세계를 기술하고 구조화하는지 이해하고자 했다.

**(다) 자료 분석**

본 연구에서 구체적인 자료 분석은 다음과 같은 순서로 진행되었다. 첫째, 수집된 자료를 반복적으로 읽은 후 참여자들의 경험을 총체적으로 이해하고자 했다. 둘째, 수집된 자료(전사 내용, 서류, 일지)는 Clandinin & Connelly(2000)의 '3차원 공간'(three-dimensional space) 접근 방식을 토대로 상호 작용(interaction), 지속성(continuity), 상황(situation)의 세 측면으로 코딩 및 분류하였다. 셋째, 각 참여자의 내러티브를 실행 영역과 의식 영역으로 분류한 뒤, 이것을 다시 연대기 순으로 나열하여 실행과 의식의 인과 관계를 탐색하였다. 넷째, 전사·분석된 자료를 참여자들에게 보여줌으로써 참여자들의 '다시 말하기'를 통해 자료의 내용을 박성원·신동일(2014), 「외국인 유학생의 학문공동체 참여에 관한 내러티브 연구」, 『교육인류학연구』, 17(1), 103-158쪽 중에서

수정·보충하였다. 다섯째, 연구자 간의 반복 읽기와 자료 분석의 협상을 통해 분석 내용을 재구성하였다. 그 후 연구 참여자와 연구자들의 자료 재확인 과정을 거쳐 자료의 신뢰성과 타당성을 확보하였다.

1) 조사 대상자 선정의 기준은 무엇입니까? 이러한 기준을 설정한 이유는 무엇일지 이야기해 봅시다.

2) 심층적인 조사를 위해 고려한 점은 무엇입니까? 다음 사항을 중심으로 이야기해 봅시다.
- 편안한 분위기 조성
- 오랜 기간의 관찰
- 전체적인 파악과 이해

3) 이 연구에서는 연구의 객관성을 확보하기 위해 어떤 절차를 거쳤는지 이야기해 봅시다.

참고

**면담 조사 방법**

면담을 통해서 응답자의 견해나 인식을 조사하는 방법이다. 면담 조사는 설문 조사를 위한 사전 조사, 설문 조사의 결과를 보완하기 위한 사후 조사의 방법으로도 사용될 수 있다.

**2** 다음 각 조사에서 사용한 방법이 무엇인지 보기 중에서 골라 봅시다.

| 보기 | | |
|---|---|---|
| 사례 분석 | 방문 | 면담 |
| 전문가 인터뷰 | 문헌 연구 | 인터넷 게시판 분석 |

1) 한국 인터넷에서 20대의 정치적 견해를 파악하기 위해 20대가 많이 방문하는 주요 웹사이트 게시판의 대선과 총선 전후 3개월간의 담론을 분석하였다.

2) 서울 시내 다문화 지원 기관의 현황을 알아보기 위해 세 곳의 다문화 지원 센터에 가서 실태를 조사하였다.

3) 언어교육원 졸업생들의 졸업 후 진로에 대해 알아보기 위해 졸업생 5명을 대상으로 졸업 후 궤적과 그에 영향을 미친 배경 및 원인에 대해 상세히 질문하고 답하는 시간을 가졌다.

4) 여성주의의 흐름과 관련하여 한국 개화기 시대의 여류 화가 나혜석의 문학 연구 경향을 알아보기 위해 여성주의 관점에서 나혜석을 연구한 논문을 선정하여 시대별로 분석해 보았다.

5) 미국 정부의 대북 대응 방안의 변천에 대해 연구하면서 전문가 3명에게 의견을 물었다.

6) 고등학생, 대학생의 진로 선택 요인을 알아보기 위해 남녀 중·고등학생 10명의 사례를 조사하고 분석하였다.

**1** 다음 연구 목적에 따라 조사 계획을 세워 봅시다.

- 구체적인 조사 대상, 조사 방법, 조사 도구, 조사 결과 해석 방법에 대해서 생각해 봅시다.
- 여러 연구 방법을 상호 보완적으로 함께 사용하는 방안을 생각해 봅시다.

**연구 목적**: 외국인 유학생의 한국에서의 문화 적응과 생활에 따른 스트레스를 분석함으로써 유학생들의 삶의 실태를 객관적으로 파악하여 그들을 위한 정책 방안을 제시한다.

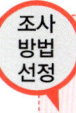
**조사 방법 선정**: 문헌 연구, 설문 조사, 사례 조사, 면담(인터뷰), 방문, 전문가 인터뷰, 인터넷 게시판이나 이메일 분석

**결정할 사항**

| 문헌 연구 | • 검토할 문헌의 선정 기준<br>• 검토할 문헌의 범위<br>• 재구조화의 관점(시대별·관점별·주제별 등) |
|---|---|
| 경험 연구 | • 조사 방법<br>• 조사 대상<br>• 조사 방법(조사 내용, 조사 시 고려할 사항 등)<br>• 분석 기준 |

**2** 계획을 세운 것을 토대로 논문의 연구 방법 부분을 써 봅시다.

본고에서는 _____ 기 위하여
_____ 았/었다. 먼저 조사 대상은 _____ (으)로 하였다.
_____ 때문이다. 먼저 _____,
그다음으로 _____ . _____
_____ .
결과의 분석은 _____ .

**쓰기 2**

**1** 내 보고서에 필요한 조사에 대해 적절한 조사 계획을 세워 봅시다.

1) 어떤 조사 방법을 택할 것인가?

2) 조사 대상은 누구인가? 그렇게 정한 이유는 무엇인가?

3) 조사는 언제, 어디서, 어떤 방식으로 수행할 것인가?

4) 조사 결과를 어떤 틀로 분석할 것인가? 이때 어떤 분석 도구를 사용할 것인가?

**2** 다른 사람에게 자신의 보고서 제목, 연구 문제, 연구 방법 및 절차에 대해 소개하고 다음 사항에 대해서 의견을 들어 봅시다.

1) 연구 방법이 보고서 주제 및 연구 방법에 적절한가?

2) 적절한 다른 연구 방법이나 연구 대상, 연구 자료가 있는가?

3) 연구를 수행할 때 어떤 점에 유의해야 하는가?

**3** 설문지 또는 면담 질문지를 작성해 봅시다.

1) 조사의 목적에 맞는 질문 요소를 정해 봅시다.

2) 구체적으로 질문을 만들어 봅시다.

❹ 조사를 하기 전 다른 학생에게 예비 조사를 하게 해 봅시다. 여기서 나타난 문제점을 개선하여 이후 조사를 수행해 봅시다.

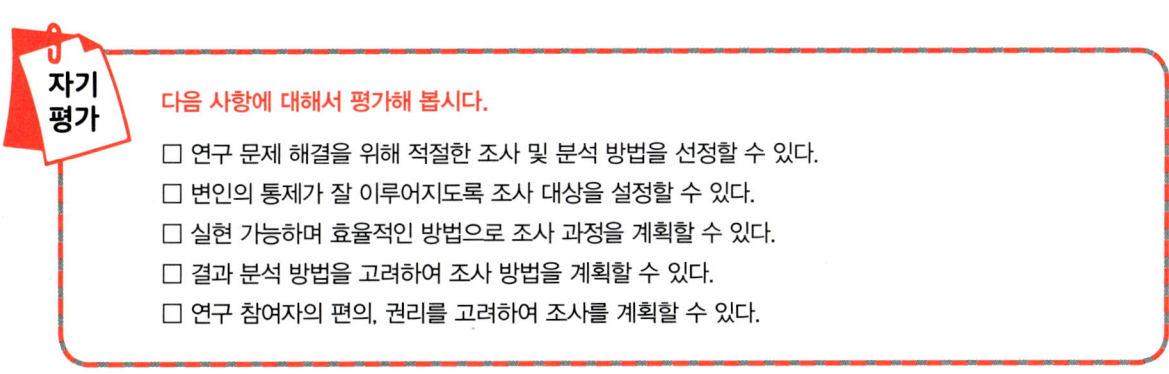

**자기 평가**

**다음 사항에 대해서 평가해 봅시다.**

☐ 연구 문제 해결을 위해 적절한 조사 및 분석 방법을 선정할 수 있다.
☐ 변인의 통제가 잘 이루어지도록 조사 대상을 설정할 수 있다.
☐ 실현 가능하며 효율적인 방법으로 조사 과정을 계획할 수 있다.
☐ 결과 분석 방법을 고려하여 조사 방법을 계획할 수 있다.
☐ 연구 참여자의 편의, 권리를 고려하여 조사를 계획할 수 있다.

# UNIT 5 차례 만들기

● 다음 자료를 보고 질문에 답해 봅시다.

한국○○학연구 제15권 제2호
2016. 10. Vol.15 No.2. pp.17-35

### 한국에서의 다문화 가정 문화 유형에 관한 연구

김진명(○○대 교수)
전수영(○○대 교수)

**차 례**

1. 서론
2. 본론
   1) 한국 다문화 가정의 현황
   2) 한국 다문화 가정의 문화 유형
3. 연구 방법
4. 연구 결과
5. 결론 및 제언

1. 논문이나 책을 읽을 때 차례를 어떻게 활용하는지 이야기해 봅시다.

2. 차례를 통해 논문에 대해 무엇을 알 수 있는지 이야기해 봅시다.

##  차례 세우기

**1** 다음은 논문에 들어갈 주요 내용들입니다. 논문에 어떤 순서로 들어가면 좋을지 생각해 봅시다.

1) 제목: 한국 다문화 가정의 현황과 개선 방안

   [가] 다문화 가정이 겪는 어려움     [나] 한국의 다문화 가정 증가 현황     [다] 다문화 가정 지원 정책 제안     (    ) - (    ) - (    )

2) 제목: ○○기업의 발전 과정과 성공 요인

   [가] 한국 경제에서의 ○○의 위상     [나] ○○의 발전 과정     [다] ○○의 성공 요인     (    ) - (    ) - (    )

**2** 다음 1~5는 논문을 구성하는 장 제목입니다. ㉠~㉡의 세부 내용이 본문 2, 3, 4장 중 어디에 포함되는 내용일지 연결해 봅시다.

1) 한국 화장품의 일본 시장 마케팅 방안에 대한 연구

   1. 서론
   2. 한국 화장품 업계의 특성 •
   3. 한국 화장품의 일본 시장 판매 현황 •
   4. 한국 화장품의 일본 시장 마케팅 전략 제안 •
   5. 결론

   • ㉠ 한국 화장품 업계의 마케팅 방식
   • ㉡ 일본 화장품 시장의 유통 경로를 고려한 마케팅
   • ㉢ 한국 화장품의 일본 시장 진출 및 매출 현황
   • ㉣ 한국 화장품 업계의 구조
   • ㉤ 한국 화장품의 일본 시장 마케팅 현황
   • ㉥ 제품의 안정성 및 신뢰성을 강조하는 마케팅
   • ㉦ 홍보 및 광고 방안의 마련: 일본 방송 매체를 활용한 마케팅

   구 연구반 학생 마리아(일본) 작성

2) '한(恨)' 정서의 문화적 표출 양상

1. 서론
2. 이론적 배경
3. 전통문화에 나타난 '한'
4. 현대 문화에 나타난 '한'
5. 결론

- ㉠ '한(恨)'의 정서 연구의 필요성
- ㉡ '한(恨)'의 의미 및 기원
- ㉢ 한국 영화와 드라마에 나타난 '한'
- ㉣ 고전 문학에 나타난 '한'
- ㉤ 한국 뮤직비디오에 나타난 '한'
- ㉥ 전통 무속에 나타난 '한'

구 연구반 학생 장연첩(중국) 작성

**3** 다음 차례를 보고 물음에 답해 봅시다.

외국인 유학생의 학문 공동체 참여에 관한 내러티브 연구

1. 서론
2. 이론적 배경
   2.1. 내러티브 탐구
   2.2. 유학생의 참여와 사회화 연구
3. 연구 방법
   3.1. 연구 참여자
   3.2. 자료 수집과 분석
4. 외국인 유학생의 학문 공동체에 관한 경험 분석
   4.1. 사회 문화적 요인의 중요성
   4.2. 불완전한 제2언어 구사 능력
   4.3. 학문 공동체 외의 보조 공동체의 역할
5. 결론 및 논의

박성원·신동일(2014),
「외국인 유학생의 학문공동체 참여에 관한 내러티브 연구」,
『교육인류학연구』, 17(1), 103-158쪽 중에서

1) 다음은 몇 장(몇 절)에 나타나 있습니까?

- 논문의 주요 이론에 대한 부분:
- 자료 수집 방법에 대한 부분:
- 결과에 대한 해석이 나타난 부분:

2) 차례를 보고 본 논문의 주요 발견 사항이 무엇일지 추측해 봅시다.

❹ 다음 차례에서 장·절 간 위계가 맞지 않는 부분을 찾아 적절하게 고쳐 봅시다.

1)

**대만, 한국의 상대국에 대한 인식 연구**

1. 서론
2. 대만-한국 교류의 역사 및 현황
   2.1. 대만 근대사
   2.2. 한류 열풍의 양상
   2.3. 대만-한국 교류사
   2.4. 대만-한국 경제 교류
3. 상대국에 대해 갖는 인식 조사
   3.1. 조사 방법
   3.2. 조사 결과
4. 대만과 한국 교류 증진을 위한 방안
5. 결론

2)

**한국 재벌 기업이 한국 시장에 미친 영향**

1. 서론
2. 재벌의 정의
3. 한국 재벌 기업의 발전
   3.1. 재벌 기업의 발전
   3.2. 재벌 기업의 현황
4. 한국 경제에서 재벌 기업의 영향
5. 결론

구 연구반 학생 데츠코(일본) 작성

참고 | **차례 구성 시 주의할 점**
차례는 논리적·체계적으로 구성하되, 특히 장·절 간의 위계에 유의한다. 같은 수준의 차례에는 같은 수준의 내용이 들어가고, 상위 수준은 하위 수준을 포함해야 한다.

 **개요 짜기**

**1** 다음은 서론 구성을 위해서 작성한 문단별 개요입니다. 읽고 질문에 답해 봅시다.

- 한국 경제에서 중소기업이 중요함 — 기술 개발, 혁신을 시도할 수 있음/다른 나라 사례
- 중소기업이 어려움을 겪고 있음 — 한국에서 중소기업 피해 사례: ○○자동차 등
- 중소기업의 경쟁력을 위해 내부적 혁신이 필요함 — 내적 효율성 제고, 체계적 경영 전략 등
- 중소기업의 혁신을 위해 클라우드 컴퓨팅이 효율적인 수단이 될 수 있음 — 클라우드 컴퓨팅 간단히 소개

1) 서론에서 궁극적으로 제기하고자 하는 내용을 한 문장으로 써 봅시다.

2) 이 글의 주요 내용을 말로 설명해 봅시다. 다음과 같은 연결 표현을 사용하여 각 요소를 연결하여 이야기해 봅시다.

| 이러한/이렇게 | 그러나 | 따라서 | 특히 | 이에 따라 | 이를 위해 | 이를 통해 |

 참고

**개요란?**

글의 개요는 흔히 아우트라인(outline)이라고도 하는데, 이는 글의 전체적인 내용과 그 짜임새를 보여 주는 글의 설계도에 해당한다. 글의 내용의 전개라든지 그 논리적 연결 관계가 모두 개요를 통해 드러난다. 글의 개요를 제대로 작성하지 못하면 글쓴이가 말하고자 하는 주제가 무엇이며, 글의 각 부분의 화제들이 어떻게 서로 관련되어 전체적인 주제를 구성하는지 이해하기 어려울 것이다.

서울대학교출판부(2008), 『대학국어』, 15쪽 중에서

**2** 다음은 앞 **1**의 전반부를 상세화한 개요입니다. 개요를 토대로 글을 써 봅시다.

▶ 한국 경제에서 중소기업의 역할
  • 한국이 재벌 중심의 경제라는 편견
  • 재벌 기업을 지원하는 중소기업의 역할
  • 자료: 중소기업 고용이 전체의 80%를 차지함.

▶ 중소기업이 겪는 어려움
  • 인적 자원: 재벌이 능력 있는 인적 자원을 독점함.
  • 재벌 기업과의 갑을 관계: 재벌 기업과의 관계에 따라 흥망이 정해짐.
  • 기술 보전의 어려움: 재벌 기업이 중소기업의 기술과 재능을 훔침.
  • 지원 부족: 은행과 정부에서 중소기업을 지원해 주지 않음.
  • 산업 분야의 특성: 국내 내수 시장 중심으로 발전 가능성이 적음.

구 연구반 학생 강만찬(미국) 작성

한국 경제에서 중소기업은 중추적인 역할을 담당한다.

그러나 현재 한국 경제에는 중소기업의 발전을 가로막는 여러 장애 요소가 있다고 할 수 있다.

**1** 다음 보고서의 제목과 연구 목적을 보고 그중 한 주제를 골라 연구의 배경과 필요성을 제시하기 위한 개요를 짜 봅시다.

- 한국 엔터테인먼트 산업의 마케팅 전략 연구

  본 논문은 현재 침체된 음악 업계를 활성화시키기 위해 세계적 성공을 이룬 한국 엔터테인먼트 기획사들의 마케팅 사례를 통해 한국 엔터테인먼트 산업에 요구되는 요소들을 찾아보고자 한다.

  구 연구반 학생 손기명(일본) 작성

- 한국 영화의 발전 및 전망

  본 연구에서는 21세기부터 한국 영화 발전 과정을 대표작 중심으로 살펴보고, 현재 한국 영화의 현황을 상업 영화와 예술 영화의 두 측면으로 소개하고 분석하고자 한다.

  구 연구반 학생 신홍재(중국) 작성

- ○○○○의 브랜드 마케팅과 효과에 대한 연구

  본 연구에서 한국 소비자들이 ○○○○에서 커피를 구매할 때 브랜드 이미지와 브랜드 스토리가 어떤 영향을 미치는지를 파악하고자 한다. 이를 위하여 설문 조사를 통해 ○○○○의 인기 요인이 무엇인지 살필 것이다.

  구 연구반 학생 이승월(중국) 작성

**제목** _____

**쓰기 2**

❶ 내 보고서의 장·절 차례를 완성해 봅시다.

1) 본론에 몇 개의 장이 필요합니까?

2) 각 장의 제목을 정해 봅시다.

3) 각 장에 들어가야 할 내용이 무엇인지 간단히 메모해 봅시다.

| 장 제목 | 들어갈 내용 |
|---|---|
| 1. 서론 | |
| 2. | |
| 3. | |
| 4. | |
| 5. | |
| 6. 결론 | |

❷ 2장에 들어갈 내용의 예상 개요를 짜 봅시다.

**보고서의 차례를 써 보고 다음 사항에 대해서 평가해 봅시다.**

☐ 연구 문제에서 다루고자 하는 내용들이 잘 드러나게 각 장의 제목을 정할 수 있다.
☐ 장, 절, 항의 내용을 잘 포괄할 수 있도록 제목을 정할 수 있다.
☐ 장, 절, 항의 위계를 고려하여 내용을 정할 수 있다.

# UNIT 6 인용하기

### 원조 불닭 vs 후발 불낙… "볶음면 표절 아니다"

**'원조 볶음면' vs '닮은꼴 볶음면'**

○○식품이 자사의 '불닭볶음면'의 '미투(me-too, 유사) 제품'인 △△의 '불낙볶음면'에 대해 "이름과 포장을 베꼈으니 생산과 판매를 금지해 달라"고 가처분 신청을 냈지만 받아들여지지 않았다.

『동아일보』, 2014년 12월 1일 자 기사 중에서

### 교육부 장관, 논문 표절로 제소

○○○ 교육부 장관의 박사 논문 곳곳에서 '표절'이 의심되고, 박사 논문의 수준에도 의혹이 제기되었다. 장관은 국내외 관련 저서들을 문장 단위, 단락 단위 형태로 표절해 박사 논문을 작성한 것으로 알려졌다.

1. 이러한 사례가 문제가 되는 이유는 무엇입니까?

2. 논문 작성에서 지켜야 할 연구 윤리에는 어떤 것이 있을지 이야기해 봅시다.

## 구성 및 표현 이해하기

 인용하기

**1** 다음 논문을 읽고 질문에 답해 봅시다.

(가)
(전략) 그리고 양양과 마찬가지로 그녀 역시 이와 같은 외로운 감정을 아르바이트를 하는 곳에서 해소했다.

화장품 가게에서 … 처음엔 힘들었어요. 제품을 한국말로 설명해야 하니까. 두 달 넘게 걸렸어요. 다 외우는 데. 사장님도 설명해 주시고 다른 직원들도 설명해 주세요. … 난 거기서 영어·중국어·한국어를 하니까 이제 적응이 되었고, 가게에서 사장님들도 다 저를 좋아해요. … 예전에 식당에서도 했어요. 거기 가면 마음이 더 편해지고. 평소에 전 친구도 없고 말할 사람도 없고, 알바 안 하면 전 하루 종일 말 한 마디도 안 해요. 그리고 여기선(대학) 지루하기도 하고 짜증날 때도 너무 많아요. 그런데 알바 할 땐 기분이 너무 좋아요. 여기선 공부만 하고 친구도 없고 밥 같이 먹는 사람도 없고. 알바 하는 데는 아무래도 또 다른 … 음 … 뭐지. 탈출구예요. (2013. 10. 4.)

(나)
연구 참여자들은 Wenger(1998)에서 지적한 바대로, 그들이 소속된 주 공동체인 학문 공동체 이외에도 '하부 공동체(sub-community)'에 동시에 참여하고 있었다. 그들은 제2언어 구사 능력과 전공 영역의 기초 지식이 부족한 외국인 유학생으로 위치되던 대학 내 공동체와는 달리, 중국어·영어·한국어를 보다 자유롭게 사용할 수 있는 학교 밖(편의점, 통번역에 관한 일, 화장품 가게, 식당 등)에서 오히려 능력 있는 다중 언어 구사자로 인정받고 합법적인 조직의 구성원으로 수용되는 느낌을 받았다. 그런데 기존 연구의 하부 공동체가 비교적 동일한 민족, 인종, 모국어 등을 기반으로 한 동질 집단으로 구성(Iddings, 2005; Haneda, 2005)된 반면에, 본 연구에서 나타난 하부 공동체는 주요 공동체 맥락 밖에서의 원어민과 비원어민으로 구성된 혼종적인 집단이라는 점이 특기할 만하다.

박성원·신동일(2014), 「외국인 유학생의 학문공동체 참여에 관한 내러티브 연구」, 『교육인류학연구』, 17(1), 125쪽(가), 143-144쪽(나) 중에서

1) 본문에서 다른 사람의 말이나 연구가 인용된 부분을 찾아봅시다. 각각의 경우 인용한 목적은 무엇인지 이야기해 봅시다.

2) 다른 사람의 말이나 연구가 그대로 인용된 부분은 어디입니까? 직접 인용한 내용에 밑줄을 그어 보고 어떻게 출처를 표시하고 있는지 이야기해 봅시다.

3) 다른 사람의 말이나 연구를 참고 자료로 간접적으로 인용한 부분은 어디입니까? 간접 인용한 내용에 밑줄을 그어 보고 어떻게 출처를 표시하고 있는지 이야기해 봅시다.

**참고** 　**인용의 유형**

1) **직접 인용**: 내용을 바꾸지 않고 그대로 인용하는 인용 방식이다. 원문의 표현을 그대로 제시할 필요가 있을 때 사용한다.

- 문장 이하: 큰따옴표(" ")를 사용하여 문장 속에 이어서 적는다.

> 일반적으로는 부모의 직업적 상황이나 학업 또는 학생 본인의 유학으로 해외에서 일정 기간 생활한 후 귀국한 초·중·고등학생을 지칭한다. 현재 교육부에서는 귀국 학생을 "2년 이상 해외에서 거주하다 귀국한 학생 중 국내 거주 기간이 6개월 미만인 학생"(교육부 홈페이지, 2011. 4. 20.)으로 정의하였다.

- 단락: 별도의 단락으로 위, 아래에 한 줄씩 띄우고 들여쓰기 해서 표시한다.

2) **간접 인용**: 내용을 자신의 말로 바꾸어 인용하는 것이다.

- 모든 인용 자료의 상세한 서지 사항은 논문 뒤의 참고 문헌에 다시 제시해야 한다. 전공 분야나 학회에 따라서는 서지 사항을 본문 하단에 각주로 표시하기도 한다.

> - 이러한 국제적 인적자원 교류는 글로벌 무한 경쟁 시대를 맞아 우리에게 필요한 지한·친한 인사를 양성하는 부수적인 효과가 있을 것으로 기대된다(교육과학기술부, 2008).
> - 전수빈(2008)에 따르면, 문화 적응 과정 중 경험하는 심리적 위축감이 유학생들의 문화 적응에 영향을 준다.

- 인용할 때 **저자, 저서, 논문의 출판 연도, 인용 페이지**로 출처를 표시한다.

- 자신이 직접 읽고 인용하는 것이 원칙이나, 다른 자료에 인용된 것을 통해 접했다면 '재인용'이라고 표시하여 인용한다.

> 이러한 베리의 관점을 수용하여 마린과 감바(Marin & Gamba, 1996)는 문화 변용이 이주 집단의 '고유 문화에 대한 측면'과 '이주 문화에 대한 측면'이라는 두 개의 독립적인 차원으로 이루어져 있다고 주장했다(최혜지, 2009에서 재인용).

## 2 다음 인용이 '간접 인용', '직접 인용' 중 무엇에 해당하는지 말해 봅시다.

1) 정남조(2010)의 연구에 따르면, 국적과 성별에 따라 학업 적응 스트레스의 정도가 다르게 나타났다.

2) 이에 대하여 가장 큰 장애 요인의 하나는 한국 문화에 대한 적응의 어려움이라는 것이 여러 선행 연구들을 통하여 확인되었다(허춘영 외, 1999; 이현지·남현주, 2003; 김현주 외, 1997; 김영성, 2006; 황지인, 2008).

3) 언어 구사 능력은 해당 문화를 이해하고 그 문화권 사람들과의 관계를 발전시키는 바탕이 된다(김현주 외, 1997).

4) 다음은 현주가 쓴 글의 내용이다.

> 낮에 잠시 잠을 자고 일어나니 프랑스 파리의 교실에 앉아 있었다.
> 아, 맞아. 어제 박사님에게 프랑스로 가고 싶다 했었지!

참고

**인용 표현**

- 그들은 대학 생활에 적응하지 못하거나 성적 부진이나 중도 탈락의 문제를 계속 학교 안팎에서 노출시키고 있다(엄혜경, 2003; 이재모, 2007).
- 현재 다문화 가족 지원 사업의 관점에 대한 논의는 임파워먼트 접근을 제안한 문헌 연구(윤혜미, 2009), 지원 센터의 종사자 관점에서 역량 강화 접근을 다룬 질적 연구(신영화, 2010), 문화 상대주의와 강점 관점에 기반을 둔 지원 사업의 보고서(현경자, 2007) 등에서 발견된다.
- 이혜경(2009)에서는 정부의 지원 사업들에서 동화주의 성향이 완화되고 인지적이며 문화 양립적인 측면이 보완되고 있음을 보고한 바 있다.
- 한국교육개발원(2011)에 따르면, 2004년부터 2010년까지의 연간 조기 유학생(초·중·고등학생) 수는 15만 7,729명에 이르고, 귀국한 학생은 13만 3,134명에 달하고 있다.

## 주석 달기

**1** 다음 글을 읽고 질문에 대답해 봅시다.

> 출입국·외국인정책본부 통계 자료에 따르면, 국내에 체류하는 외국인 유학생은 2012년 기준으로만 약 9만 3,000명으로 매년 지속적으로 증가하고 있다.[1] 이는 2000년대부터 정부와 각 대학들이 국제화의 일환으로 외국인 유학생 유치에 적극적으로 앞장선 결과이다(안영진·최병두, 2008). 그런데 다인종·다국적·다언어의 배경을 갖고 있는 외국인 유학생들이 국내 대학에서 제2언어인 한국어로 어떤 사회적 관계에 참여하는지, 또한 어떻게 학문적·언어적 지식을 습득하고 학문 공동체[2]에 진입하고 있는지에 관한 연구물은 거의 찾아보기 힘들다.
>
> 본 연구의 목적은 외국인 유학생들이 한국의 대학 공동체에 어떻게 참여하고 있는지 내러티브(narrative) 자료로 이해하는 것이다. 외국인 유학생의 참여와 사회화를 이해하기 위해서는 Lave와 Wenger(1991)[3]의 '실행 공동체(community of practice)'[4] 이론이 적절하게 사용될 것이다.
>
> ---
>
> [1] 한국교육개발원이 발표한 자료에 따르면, 고등 교육 기관에서 외국인 유학생이 차지하는 비율은 2005년만 해도 1만 5,490명으로 전체 학생의 0.4%에 불과했다. 그러나 2011년 말에는 6만 3,578명으로 전체 학생의 1.7%를 차지해 3배 이상 증가한 것을 알 수 있다.
> [2] 본 연구에서는 '학습(learning)'을 단지 인공적인 환경에서 교수자들의 일방향적 지식 전달을 강조하는 전통적인 개념이 아닌, 한 공동체의 합법적인 일원이 되어 가는 사회적 과정(Wenger, 1991)으로 보았다. 따라서 Wenger(1991: 76)가 언급한 바와 같이, '대학'에 소속된 일원은 학문적 수행이라는 목적을 위해 일원들 간의 협력적인 상호 작용뿐만 아니라 대학의 발전을 위해 공헌해야 하는 일종의 책무성, 그리고 대학에서 요구하는 학문적·언어적 행위 등 그동안 축적된 자원인 레퍼토리를 공유해야 한다. 이런 의미에서 볼 때 '대학'은 외국인 유학생들에게 단순히 주어진 지식을 개인적으로 습득하는 수동적인 공간이 아닌 하나의 새로운 '학문 공동체'라 할 수 있다.
> [3] Lave, J. & E. Wenger(1991), *Situated Learning: Legitimate Peripheral Participation*, Cambridge: Cambridge University Press.
> [4] 'community of practice'는 국내에서 '실행 공동체' 또는 '실천 공동체'로 번역되어 사용되고 있으나, 본 연구에서는 공동체 일원들이 '하는 것', 즉 활동에 초점을 두고자 하였으므로 '실행 공동체'로 표기하였다.
>
> 박성원·신동일(2014), 「외국인 유학생의 학문공동체 참여에 관한 내러브 연구」, 『교육인류학연구』, 17(1), 105-106쪽 중에서

1) 위 글의 주석 1)~4)가 어떤 기능을 하고 있는지 이야기해 봅시다.

> 자료의 서지 사항 제시    개념 정의에 관련된 부연 설명    번역어에 관한 부연 설명    관련 자료 제시

2) 이와 같이 본문에 주석을 다는 이유에 대해 이야기해 봅시다.

 **참고**

**각주**
- 각주는 본문의 흐름을 끊지 않고 관련 설명을 덧붙이기 위해 해당 부분에 번호를 매기고 본문 하단에 관련 내용을 추가하는 것이다.
- 각주의 종류에는 다음과 같은 것들이 있다.
  1) 문헌주(reference footnote): 자료의 출처, 서지 사항을 밝혀 준다.
     학술지에 따라서는 문헌주를 일일이 달지 않고 본문에 '저자(출간 연도: 인용한 내용 쪽수)'(예: 윤범모(2002: 5-6)와 같은 간단한 출처 표기로 대체하는 경우가 많다.
  2) 내용주(content footnote): 본문에 포함되기는 어려우나 자료 이해에 참고가 되는 용어에 대한 개념 정의 및 풀이, 보충 설명 등을 제시한다.

## ❷ 각주의 기능으로 적절한 것을 찾아 연결해 봅시다.

1) 다문화 가정이라 함은 "우리와 다른 민족 및 문화적 배경을 가진 사람들로 구성된 가정을 통칭하며, 그에 따른 정책 대상으로는 국제결혼 가정 자녀와 외국인 근로자 자녀를 포함한다."고 정책적으로 규정하고 있다(교육인적자원부, 2006년 5월 다문화 가정 자녀 교육지원 대책).    • • 개념 정의

2) 이에 대한 자세한 기술은 '4.2.'에서 살펴보기로 한다.    • • 근거 제시

3) 이하 〈가〉 교재는 〈가〉, 〈나〉 교재는 〈나〉, 〈다〉 교재는 〈다〉로 기술한다.    • • 본문 구성 안내

4) 연구의 범위에 한국어 교육학을 구성하는 하위 학문 분야에 대한 논의는 포함되지 않으므로 〈그림 4〉에서 한국어 교육학을 구성하는 학문 분야를 구체적으로 드러내지는 않는다.    • • 기호 설명

> **참고** 각주 표현
> - 본고에서는 학습과 습득을 모두 포괄하는 의미로 한국어 교육에서 보다 일반적으로 사용되는 '학습'이라는 용어를 사용한다.
> - 여기에서 '패러다임'이란 Khun(1962)이 규정한 "한 시대를 지배하는 과학적 인식이자 이론이며, 관습, 사고, 관념, 가치관 등이 결합된 총체적인 틀이면서 개념의 집합체"를 뜻한다.
> - 이는 연구자가 직접 텍스트에서 명사, 동사, 형용사만을 센 수치이다. 논문에 제시한 평균값은 소수점 셋째 자리에서 반올림하였다.
> - 평정 검사 결과는 유표한 분석을 할 수 없어 본고의 논의에서는 제외하였다.

## 표절의 개념 알기

 **1** 다음 글을 읽고 질문에 답해 봅시다.

> 다른 사람이 이미 발표하거나 출간한 연구 성과(연구 계획서나 학술지 게재 심사용 논문 포함)을 그대로 또는 다른 형태로 변형하여 자신의 성과인 것처럼 사용해서는 안 된다. 단, 정확한 출처나 인용 표시를 한 경우에는 연구의 독자성을 해치지 않는 범위 내에서 다른 사람의 연구 아이디어, 연구 자료 및 문장을 부분적으로 사용할 수 있다. 특히 다른 사람의 논문에서 연속된 2개 이상의 문장을 인용 표시 없이 그대로 사용할 경우 타인의 저술 문장을 자신의 문장인 것처럼 사용하는 행위로 본다.
> 
> 다만, 타인의 연구 성과가 교과서 등에 게재되어 일반적 지식으로 통용되는 경우에는 그 연구 성과를 출처 표시 없이 인용할 수 있다. 또한 리뷰 논문(review article)과 같이 학계의 연구 동향을 소개, 정리 또는 평가하는 경우는 제외한다.

「서울대학교 연구윤리 지침」
(2008. 6. 24. 제정, 2010. 7. 16. 개정, http://www.snu.ac.kr/research/ethics)을 토대로 작성

1) 다음 중 표절에 해당하는 경우를 골라 봅시다.

　　① 자료나 그림, 표 등을 인용 표시 없이 가져왔다.

　　② 다른 사람의 글을 부분 부분 엮어서 문단을 만들었다.

　　③ 다른 사람이 조사한 통계 결과를 그대로 제시하고 인용 표시를 하였다.

　　④ 인용 표시 없이 다른 사람의 글이나 아이디어를 가져왔다.

2) 표절이란 무엇인지 정의해 봅시다.

　　표절이란 _____

　　_____ .

**2** 표절 외에 지켜야 할 연구 윤리에는 어떤 것들이 있는지 이야기해 봅시다.

| 인간 생명 윤리 | 연구 진실성 | 동물 실험 윤리 | 생물 안전 |

❸ 연구 윤리를 지키지 않았을 때 어떤 불이익을 받게 될지 이야기해 봅시다.

❹ 우리 대학의 연구 윤리 지침을 찾아 읽어 봅시다

(참고: 서울대학교 연구윤리 http://snuethics.snu.ac.kr)

**쓰기 1**

❶ 다음은 학생이 쓴 보고서의 일부입니다. 적절하게 고쳐 봅시다.

> 현대 사회에 접어들면서 의료 기술의 발달과 생활 수준의 향상에 따라 평균 수명이 늘고, 이러한 현상이 저출산 현상과도 결부되어 전체 인구 중 노인 인구가 차지하는 비율이 높아지고 있다. 현재 서울의 노인 인구는 전체 인구의 7.1%로 이미 2005년에 고령화 사회의 기준 7%를 넘어섰으며, 2020년 후반에는 20%로 초고령 사회에 접어들 것이라는 예측이 나오고 있다.
>
> 이렇게 노인 인구 수는 증가하는 반면 저출산이 심각해져 사회 복지의 부담이 증가하고 노동력이 부족해지는 고령화 사회에서는 여러 가지 문제가 초래될 수 있다. 정부 측에서는 노인 인구를 부양하기 위한 예산 부담이 증가하고, 노동력 부족으로 인해 경제 성장에 어려움을 겪을 수 있다. 또한 국민들도 노인 부양을 위하여 개인적으로나 사회적으로 많은 부담을 지게 된다.
>
> 고령화 사회는 사회 전반에 여러 가지 영향을 미치지만, 특히 사회 복지의 관점에서 노인 자신들이 겪는 어려움에도 주목할 필요가 있다. 노인은 퇴직 이후 경제적 어려움을 겪게 되며, 이에 따라 정신 건강과 사회적 욕구 실현에도 어려움을 겪는다. 이러한 고령화 사회의 문제에 대비하기 위해서는 무엇보다 정부 차원에서 노인 복지 정책을 마련하는 것이 중요하다. 노인 복지 정책을 통해서 고령화 사회의 노인 문제에 효과적으로 대응할 수 있고, 이를 통해 전 사회에 미치는 충격을 완화할 수 있기 때문이다.
>
> 구 연구반 학생 최양(중국) 작성

1) 인용 표시가 필요한 부분이 어디인지 찾아봅시다.

2) 부연 설명이 필요한 부분은 어디입니까? 어떤 내용의 각주가 필요할지 이야기해 봅시다.

**1** 보고서의 주제와 관련하여 참고할 만한 논문 또는 학술서를 읽고 내 보고서에 필요한 내용을 '간접 인용'의 형식으로 인용하여 봅시다.

**2** 내 보고서에 주석을 달아 봅시다.

1) 지금까지 쓴 보고서를 다른 학생과 바꿔서 읽어 본 후 부연 설명이 필요하거나 잘 이해가 되지 않는 부분에 대해서 의견을 나눠 봅시다.

2) 필요한 부분에 주석을 추가해 봅시다.

- 연구의 범위 한정
- 핵심 개념 정의
- 부연 설명
- 추가 자료 소개

자기 평가

**보고서를 써 보고 다음 사항에 대해서 평가해 봅시다.**

☐ 다른 연구를 참고한 부분에 적절한 인용 표시를 할 수 있다.
☐ 직접/간접 인용 방식을 적절하게 활용하여 기술할 수 있다.
☐ 내용에 대한 부연 설명이 필요한 부분에 각주를 달 수 있다.
☐ 연구 진실성, 인간 생명 윤리 등의 연구 윤리를 준수할 수 있다.

# UNIT 7 평가하기

● 다음 자료를 보고 질문에 답해 봅시다.

### 컵에 물이 반이나 있다

### 컵에 물이 반밖에 없다

1. 같은 대상에 대해서도 여러 가지로 표현할 수 있습니다. 이 두 표현에 드러난 필자의 평가는 무엇인지 이야기해 봅시다.

2. 학술 텍스트에서는 대상에 대한 필자의 평가가 명확히 드러나는 편입니까? 이야기해 봅시다.

**구성 및 표현 이해하기**

## 💡 긍정적/부정적 평가하기

**1** 다음 '선행 연구의 관점'에 대한 평가 부분을 읽고 질문에 답해 봅시다.

기존의 연구 문헌에서는 외국인 유학생들이 직면하고 있는 다양한 문제점들이 한국어 학습의 강화와 한국어 능력의 향상을 통해(김선남, 2007; 김현주 외, 1997; 주휘정, 2010; 허춘영, 1999) 해결될 수 있을 것이라는 <u>낙관적인</u> 믿음을 연구자들이 공유하고 있었다. 이와 같은 신념은 제2언어 또는 외국어로서의 한국어 교육 분야에도 그대로 반영되는데, 학문적 목적의 언어 교육 기술(읽기, 듣기, 말하기, 쓰기)뿐 아니라 문식 능력과 같은 외국인 유학생의 문어 교육에 초점을 둔 연구 주제들이 문헌에 빈번하게 등장(설수연 외, 2012)한 점이 이를 뒷받침해 준다.

이와 같은 연구물은 대학(원) 진학을 희망하는 한국어 학습자에게 개인의 언어 지식 처리 능력이 대학 생활과 학습의 성공을 좌우하는 강력한 요인으로 작용할 것이라고 전제하는 **인지주의 기반의 언어 교육관**을 반영한 것이다. 인지적 기반의 연구물은 언어 학습자들이 학습해야 할 언어 지식의 내용과 교육 과정을 명시적으로 드러내는 반면, 그들이 학교 안팎의 생활에서 목표 언어를 어떻게 사용하며 살아가는지에 관한 서술, 즉 그들이 참여하고 있는 복잡한 사회 문화적 맥락을 간과하곤 한다. 예를 들어 다인종·다국적·다언어의 배경을 갖고 있는 외국인 유학생들이 국내 대학에서 제2언어인 한국어로 어떤 사회적 관계에 참여하는지, 또한 어떻게 학문적·언어적 지식을 습득하고 학문 공동체에 진입하고 있는지에 관한 연구물은 거의 찾아보기 힘들다. 대학이란 공간에서 발생하는 언어 학습자들의 학문적 사회화 문제를 선형적인 언어 지식과 기술 습득의 문제로 축소시키면서 '결과 지향적' 연구물만을 반복적으로 축적한 셈이다(Morita, 2004).

박성원·신동일(2014), 「외국인 유학생의 학문공동체 참여에 관한 내러티브 연구」, 『교육인류학연구』, 17(1), 104-105쪽 중에서

1) 앞 글의 중심 내용이 무엇인지 요약하여 이야기해 봅시다.

2) 글의 필자는 **인지주의 기반의 언어 교육관**에 대하여 어떻게 생각하고 있습니까? 필자의 평가가 드러나는 부분에 밑줄 쳐 보고 필자의 견해가 어떠한지 이야기해 봅시다.

3) 전체 필자의 태도를 고려했을 때 밑줄 친 부분의 의미는 긍정적인지 부정적인지 이야기해 봅시다.

❷ 다음 글을 읽고 질문에 답해 봅시다.

(가) 그러나 **다문화 가정 아동의 언어 문제**는 타인과의 관계에서 의사소통의 문제를 유발하게 하고, 상황에 맞는 언어 사용의 실패가 다문화 가정 자녀로 하여금 좌절과 위축을 경험하게 하므로 학업 성취 이외에 그들의 자아 존중감이나 한국 문화 적응과 같은 중요한 발달적 지표에도 부정적인 영향을 미친다(Fujiki, Spackman, Brinton, & Hall, 2004; McCabe & Meller, 2004). 다문화 가정의 아동은 어머니와 아버지 두 나라의 문화가 혼재된 양육 태도를 경험하게 되어 학교 교육을 경험하는 학령기에 접어들면서부터는 이러한 문화적 혼재로 인한 정체성의 혼란을 경험하게 되고, 이는 낮은 자아 존중감을 야기한다(Jeong, 2009). 게다가 자기 자신에 대해 가지고 있는 개인적 가치감이나 평가로 정의되

는 자아 존중감(Harter, 1982)은 사회적 상호 작용을 통해 형성되고 재조정되며, 특히 부모나 교사, 친구 등의 중요한 타자와의 관계 속에서 그들의 반응과 평가에 의해 형성되고 영향을 받는다. 이에 다문화 가정 아동이 지각하는 자신의 낮은 언어 능력은 자아 존중감에 직접적으로 부정적 영향을 미치고, 가까운 사람들과의 사회적 상호 작용을 통해 간접적으로도 부정적 영향을 미칠 수 있을 것이다(Koo, 2009; Kweon, Lee, & Jeon, 2010).

(나)  문화 적응 또한 자아 존중감과 더불어 다문화 가정 아동의 언어 능력이 영향을 미치는 중요한 변수이다. 문화 적응은 문화적 근원이 다른 사람들 간의 장기간 접촉으로 인해 겪게 되는 심리적 그리고 행동적 변화 혹은 변화 과정이며, 문화에 대한 통합과 차별화의 과정을 통해 가치 체계의 선택적 수용이 일어나는 역동적인 과정이다(Berry, 1997). 다문화 가정 아동의 경우 언어 및 문화적 배경이 다른 어머니와 아버지 밑에서 성장하기 때문에 문화 적응(acculturation)은 그들이 해결해야 하는 매우 특수하고도 필수적인 과제라고 볼 수 있으며(Shin & Youn, 2010), 그들의 낮은 언어 능력에 따라 어려움을 겪는다(Nho & Hong, 2006). 게다가 이주 아동 및 청소년의 경우 문화 적응 정도가 그들의 만족감, 우울 및 불안 등과 같은 정신 건강 및 비행 등과 같은 행동 문제 지표와도 밀접하게 연관이 있음이 밝혀졌기 때문에 외국에서 이미 상당히 활발하게 연구되어 오고 있어(Kim, Cain & McCubbin, 2006), 국내 다문화 가정 아동을 대상으로도 연구를 해 보아야 할 필요가 있는 매우 중요한 변수이다.

---

김미예·임지영·그레이스 정 (2012), 「다문화가정 아동의 언어능력과 부모-자녀 응집성이 자아존중감 및 문화적응에 미치는 영향」, 『한국간호과학회』, 42(6), 879-888쪽 중에서

1) (가), (나)에는 각각 **화제**에 대해서 어떤 평가가 드러나 있습니까? 다음 **보기**의 표현을 참고하여 말해 봅시다.

> **보기**
> 
> 중요하다    영향을 미치다    적절하다    문제적이다    관련이 있다

(가) _____은/는 _____.

(나) _____은/는 _____.


2) (가), (나)에서 **화제**에 대한 필자의 평가를 형성하는 데 기여하는 형용사나 부사 등의 표현을 찾아 밑줄 쳐 봅시다.

**참고**

**긍정적 평가를 나타내는 표현**
- 이런 차이는 그에게 다중적 가치와 학술적 실행력을 재구성하는 데 <u>긍정적인 영향으로 작용하였음</u>을 확인하였다.
- 다문화 가정 자녀 세대를 위한 적절한 교육적 지원이 <u>필요하며</u>, 이들을 수용하는 주변인의 태도에 대한 교육도 <u>절실히 요구된다</u>.

**부정적 평가를 나타내는 표현**
- 한국 원어민 화자들은 외국인 유학생들의 <u>부족한</u> 한국어 구사 능력이 가장 큰 문제의 요인이라고 생각하고 있었다.
- 다문화 가정 자녀의 학교 생활에 대한 고정 관념과 그에 따른 <u>섣부른 획일적</u> 처방은 오히려 문제를 <u>악화시</u>킬 가능성이 있기 때문이다.

**3** 다음 보기 중 적절한 표현을 사용하여 긍정적 평가를 드러내는 문장으로 완성해 봅시다.

| 보기 | 필수적이다 | 결정적이다 | 근본적이다 | 고무적이다 |

1) 다문화 가정 아동의 경우 언어 및 문화적 배경이 다른 어머니와 아버지 밑에서 성장하기 때문에 문화 적응(acculturation)은 그들이 사회 구성원으로서의 정체성을 형성하기 위해 _____ 과제라고 볼 수 있다.

2) 국내의 다문화 가정 아동과 관련된 연구들은 학업 성취에 _____ 영향을 미치는 요소로서 언어 능력에 일찍부터 주목하였다.

3) 한 개인의 삶에 대한 내러티브를 이야기하고(storying) 다시 이야기(re-storying)하는 것은 개인적이면서도 사회적인 성장 과정에 대한 _____ 성찰 방법이라고 할 수 있다.

**4** 다음 보기 중 적절한 표현을 사용하여 부정적 평가를 드러내는 문장으로 완성해 봅시다.

| 보기 | 단순하다 | 부족하다 | 간과되다 | 불리하다 |

1) 그나마 수행되었던 다문화 가정 아동의 적응에 관한 연구들도 다문화 가정 아동의 특성을 일반 가정의 아동과 _____ 비교하여 그 차이를 보았을 뿐, 다문화 가정 아동의 적응 기제를 설명하려 한 시도는 부족하였다.

2) 이러한 부모-자녀 간의 관계 특성이 다문화 가정 아동의 경우에도 그들의 자아 존중감을 높이고 한국 문화 적응을 돕는 요인이 될 수 있다는 점은 _____.

3) 참가자들은 실제 학문 공동체의 접근이나 참여의 어려움이 한국어 구사 능력보다는 그들의 _____ 전공 지식에서 기인한다고 인식하고 있었다.

## 간접적 방식으로 평가하기

**1** 다음 보기 중 적절한 어휘를 활용하여 문장을 완성해 봅시다.

> **보기**
> 
> 관련성    중요성    의의    가능성

1) 한국 전통문화 적응을 살펴보면, 성별, 입국 후 한국 체류 기간, 한국 매스 미디어 일일 이용 시간 등은 한국 전통문화 적응과 유의미한 _____ 이/가 있는 것으로 나타났다.

2) 무엇보다도 본 연구는 기존 연구에서 이루어지지 않았던 한국 문화 적응과 모국 문화 친화도라는 두 가지 개념의 관계를 검증해 보았다는 데 그 _____ 이/가 있다.

3) 매스 미디어 사용의 요소는 이민자들로 하여금 보다 손쉽고 편리하게 현지 문화에 대한 정보를 접할 수 있게 한다는 데서 그 _____ 을/를 찾을 수 있다.

4) 한국 문화에 대한 보다 높은 적응은 한국 문화에 대한 친숙도와 신뢰를 높일 _____ 이/가 있다.

**참고**

**명사구 표현**
학술 텍스트에서는 '있다', '없다', '높다', '낮다' 등의 표현을 통한 명사구 표현이 자주 사용된다.

- 대학원생이 학부생에 비해 좀 더 다양한 구어적 의사소통을 요구하는 학문 활동에 참여할 <u>가능성이 많았기</u> 때문이다.
- '하부 공동체'는 참여자들이 한국어 화자로서 멤버십을 가지며 사회화의 실행도 연습할 수 있었던 <u>의미 있는</u> 곳이었다.

**2** 다음 ( ) 안의 표현을 긴 부정 표현의 형식으로 사용하여 문장을 완성해 봅시다.

1) 이러한 이론들은 소수 집단 학생들 스스로의 관점에서 학업 성취에 대해 어떻게 생각하며 어떻게 행하는지를 이해하는 데 (도움이 되다) _____.

2) 상대적으로 높은 연령에 해당하여 다른 문화에서의 (적응이 쉽다) _____ 것으로 보이는 대학원 수준의 장학생들에 대하여 분석을 시도하였다.

3) 언어 및 학습에 대한 적응이 이루어져 수업 참여에 (큰 어려움을 보이다) _____ 경우도 있다.

4) 한국어를 거의 모르는 상태였기 때문에 받아쓰기 시험은 (거의 하나도 맞추다) _____ 상태였다.

**참고**

**완화 표현**
학술 텍스트에서는 내용의 객관성을 높이기 위하여 완화시키는 표현을 사용한다.

- 침묵은 원어민 화자들과 균등하지 못한 문화 자본을 소유한 자신을 '모욕', '창피', '비난' '두려움'으로부터 보호하기 위한 <u>일종의</u> 적극적인 전략일 수도 있다.
- 외국인 유학생이 한국 문화에 대해 <u>어느 정도</u> 알고는 있지만 한국 문화에 대한 이해는 아직 부족하다고 여겨진다.
- 이들은 생활 언어로서의 한국어 사용에는 어려움을 겪지 않는 반면, <u>다소</u> 어려운 어휘에 대해서는 이해하는 데 어려움을 겪는다.

**긴 부정 표현**
부정 표현으로 '-지 않다', '-지 못하다'와 같은 긴 부정 형식을 사용하는 것도 객관성을 높이기 위한 의도로 볼 수 있다.

- 자녀의 언어 능력이 그들의 자아 존중감에 미치는 영향에 대한 기제는 <u>아직</u> 명확하게 <u>규명되지 않고 있다</u>.

## 👁 수식을 통해 평가하기

**1** 다음 보기 중 적절한 표현을 사용하여 문장을 완성해 봅시다.

| 보기 | 체계적이다 | 포괄적이다 | 복합적이다 |

1) 이에 따라 이들 아동이 처한 환경의 다양한 요인을 파악할 수 있는 더욱 _____ 연구가 필요하다.

2) 다문화 가정 아동의 자아 존중감과 한국 문화 적응에 대한 연구는 여러 변인들 간의 관계를 엄밀히 고려한 _____ 연구 설계가 필요하다.

3) 이러한 접근은 학문 공동체 내에서 그들의 언어적·학문적 성장에 영향을 미치는 개인의 전략, 동기, 투자, 손실과 성취 등 _____ 요인들이 무엇인지 파악하게 함으로써 현상에 대한 좀 더 면밀한 통찰력을 제공해 준다.

> **참고**
>
> **수식 표현**
> 평가의 정도를 나타내거나 의미를 더해 주는 부사어나 관형어 등 수식 어구를 통해 필자의 평가를 강조하여 드러낼 수 있다.
> - 부모의 양육 태도 등이 자아 존중감에 미치는 영향력을 파악해 본 Koh(2010)의 연구에서는 가족 응집성이 부모의 양육 태도보다도 <u>훨씬 더 강하게</u> 자아 존중감을 설명하였다.
> - 따라서 트위터 이용자들에 대한 정보가 <u>상당히</u> 투명하게 드러난다.

❷ 다음 보기 중 적절한 표현을 사용하여 문장을 완성해 봅시다.

| 보기 | 상당하다 | 상대적이다 | 실제적이다 |

1) 다문화 가정의 아동이 겪는 어려움을 더욱 _____ 살펴보기 위해서는 사회 경제적 환경 이외에 언어의 문제를 고려하여야 한다.

2) 이주 아동 및 청소년의 경우 문화 적응 정도는 그들이 일상생활에서 보이는 행동 문제 지표와도 _____ 연관되어 있음이 밝혀졌다.

3) 어머니의 문화 적응이 아동기 자녀에게 미치는 영향에 관한 연구가 주로 수행되어 왔고(Yang et al., 2012), 자녀의 한국 문화 적응 자체에 대해서는 _____ 관심을 적게 기울여 왔다.

참고

**수식 표현을 사용하여 효과적으로 사태에 대한 평가 드러내기**

요즘 한국에서도 트위터, 페이스북과 같은 사회적 소통망 이용이 급격히 늘어나, 이 공간에서 사람들의 교류가 활발하게 이루어지면서 언어 사용에서 사회적 소통망이 차지하는 비중이 크게 높아졌다. 2011년 9월 트위터의 한국인 이용자 수는 430만 명을 넘었고, 2011년 12월 중순 현재 550만 명에 이른다. 1년 전만 해도 100~200만 명 정도였으나, 짧은 기간에 이렇게 증가한 것은 무엇보다 스마트폰이나 태블릿 컴퓨터 이용자의 급격한 증가와 관련이 있다. 즉 휴대 인터넷 장치인 스마트폰 등을 이용하여 언제 어디서나 트위터에 손쉽게 접속하여 정보와 생각을 실시간으로 주고받을 수 있게 된 결과이다.

이정복(2011), 「트위터 누리꾼들의 호칭어 사용에 대한 사회언어학적 접근」, 『어문학』, 114, 143-145쪽 중에서

## 쓰기 1

❶ 다음은 높임법 교육에 대한 논문 중 서론의 일부입니다. 대상에 대한 필자의 평가가 보다 강하게 드러나도록 적절한 표현을 추가하여 고쳐 써 봅시다.

1) 한국어의 높임법 속에는 한국어의 사회 문화적 요소가 포함되어 있다.

2) 그러므로 한국어 학습자들이 한국어를 유창하게 구사하려면 높임법의 문법적 측면뿐만 아니라 문화적 측면에 대해서도 알아야 한다.

3) 하지만 현재 높임법에 대한 교육 내용을 보면 문법적 요소만 다루고 있다.

4) 이렇게 문법으로만 가르치면 외국인 학습자는 높임말의 문화 배경에 대해 이해하기 어려워서 한국인들의 대화 속에 높임말의 사용을 파악할 수 없고, 나아가 효과적으로 의사소통할 수 없게 된다.

5) 본 연구에서는 한국어의 높임법을 문법뿐만 아니라 문화적 측면에 대해서 검토함으로써 한국어 학습자들에게 제시할 교육 내용을 마련해 보도록 하겠다.

**1** 내 논문에서 부정적/긍정적으로 보는 대상은 무엇입니까?
대상에 대해 긍정적인 태도, 부정적인 평가를 드러내 봅시다.

**2** 완화 표현과 명사 표현을 통해서 간접적 방식으로 평가를 드러내 봅시다.

**3** 관형어(구), 부사어(구)의 수식 표현을 삽입하여 효과적으로 필자의 평가를 드러내 봅시다.

**자기 평가**

다음 사항에 대해서 평가해 봅시다.
☐ 주제에 대해 긍정적/부정적 평가가 명확히 드러나게 쓸 수 있다.
☐ 학술적 텍스트에 어울리는 표현을 사용하여 필자의 태도를 드러낼 수 있다.
☐ 관형어(구), 부사어(구)와 같은 표현을 사용하여 효과적으로 평가를 드러낼 수 있다.

# UNIT 8 주장하기

● 다음 자료를 보고 질문에 답해 봅시다.

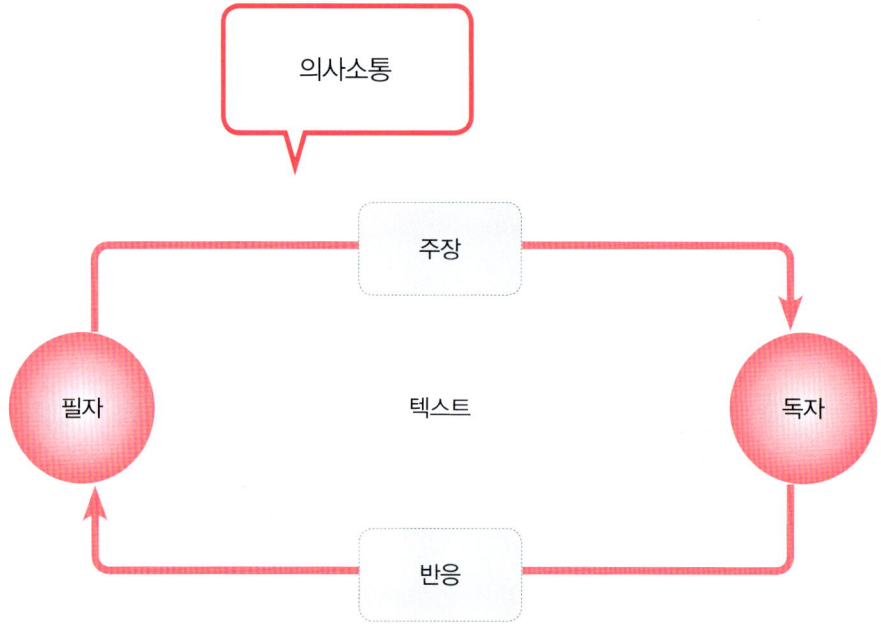

1. 텍스트를 통한 의사소통에서 필자는 어떤 역할을 해야 합니까?

2. 학술 텍스트에서 필자의 주장을 드러내는 것이 중요한 이유에 대해 이야기해 봅시다.

## 필자의 주관 드러내기

**1** 다음 글을 읽고 질문에 대답해 봅시다.

앞으로 국어 경어법의 이해와 연구에서 유의하거나 본격적으로 풀어야 할 문제들을 몇 가지 제시하겠다. 먼저 경어법에 대한 문법적 연구의 한계를 인식하고, 사회 언어학적 관점과 방법에서 좀 더 다양한 연구가 많이 나와야 한다고 본다. 경어법도 문법 형식으로 표시되는 언어 범주인 점에서 문법적 연구를 가한 것은 분명하지만, 그것을 쓰는 사람 및 대화 상황과의 관련성이 어떤 다른 범주보다 강하고 중요하기 때문에 사회 언어학적 연구를 통해야만 비로소 경어법의 온전한 이해와 충실한 기술이 완성될 수 있기 때문이다. 그동안의 연구들은 문법에 지나치게 가치를 두는 문법 중심적 태도가 경어법 연구에까지 영향을 끼치고 있는 바람에 필수적으로 고려해야 할 언어 외적 요인들을 부차적이거나 번거로운 요소로 너무 간단히 넘겨버리는 일이 많았던 것으로 보인다. 이런 태도는 경어법에 대한 이해와 기술의 발전을 가로막았을 뿐만 아니라, 국어 연구의 다양성 면에서도 큰 폐해가 되었다고 할 수 있다. 즉 경어법을 사회와 관련짓지 않은 채 수행되는 논의는 그 설명력이 지극히 제한적이었던 것이다.

오연희(2006), 「문학의 확장과 현대의 신화 – 텔레비전 드라마의 문학적 가능성과 한계」, 「한국언어문학」, 56(단일호), 288-289쪽 중에서

1) 필자가 경어법 연구 방법에 대해 갖고 있는 생각은 무엇인지 한 문장으로 요약하여 말해 봅시다.

   경어법 연구는 _____.


2) 밑줄 친 부분은 각각 어떤 의미를 드러내는지 다음 보기 중에서 골라 봅시다.

| 보기 | | | |
|---|---|---|---|
| | 필자 판단의 정도 | 논리적 관계 | 환언을 통한 강조 |

**참고**

**명제에 대한 판단 표현**
문장 내용에 대한 필자의 주관적 판단이 문장 끝부분에 덧붙어 나타나는 경우가 많다. 다양한 표현을 통해서 필자 판단의 정도를 드러낼 수 있다.

- 이제 부(富) 그 자체를 신봉하는 생활 태도로 변했다<u>고 할 수 있다</u>.
- 이를 구체적으로 살펴보면, 다섯 가지 지표(인적 상호 교류, 미디어 사용, 언어 사용, 거주 기간, 교육 기간) 중 어느 하나라도 증가한다면 다른 지표들은 변화가 없더라도 한국 문화 적응과 모국 문화 친화도는 증가할 것이<u>라 볼 수 있다</u>.
- 각자의 정체성을 나타내는 특성을 스스로 극복할 수 있을 때 우리는 비로소 자기 자신을 알 수 있을 것이<u>라고 본다</u>.
- 이러한 현상은 기존의 가치에 대한 노골적인 반감에 기인하는 바가 크다<u>고 하겠다</u>.

❷ 다음 보기는 필자 판단의 정도를 드러내는 표현들입니다. 다음 문장에서 필자의 판단을 강조하기 위해 이들 표현을 추가해 봅시다.

| 보기  | –(으)ㄹ 것이다 | –다/라고 할 수 있다 | –다/라고 볼 수 있다 | –다/라고 본다 |

1) 이 시기에는 음식물 쓰레기 감량화 정책과 같은 음식물 쓰레기 재활용을 위한 제도적인 기본 틀도 확충시켜 나갔다.

2) 이러한 상황에서 개인의 라이프 스타일에 대한 연구가 가지는 가장 큰 의의는 사회에 존재하는 다양한 집단의 사람들이 서로를 이해할 수 있는 새로운 계기를 제공할 수 있다는 점이다.

3) 이러한 연구 결과들은 최근 사회적으로 이슈화되고 있는 다문화주의에 관한 논의에 힘을 실어 준다.

4) 다문화주의적 관점은 '통합' 유형의 문화 변용 전략을 택하는 사람들이 많아져야 함을 의미한다.

참고

**양태 표현**

- 공동체 내에서 나타나는 '실행의 전경(landscape of practice)'은 그들이 어떻게 자신의 감정과 가치를 기반으로 학문적·언어적 성장을 해 나가는지, 그리고 어떻게 다른 사람들과의 다양한 관계망 속에서 자신을 위치시키는지 보여 줄 것이다.
- 이주 문화 적응 및 모국 문화 친화도를 측정하기 위한 척도로는 LAECA 문화 적응 척도를 꼽을 수 있다.
- 내러티브 탐구는 개인들의 일상적 경험을 구조화시키면서 어떤 누구라도 그들에 의한, 그들만의 경험을 학술적 담론으로 구성해 볼 기회를 제공하는 셈이다.
- 제한된 목표 언어 사용 능력으로 인해 원어민–비원어민 학생 간의 사회적·학문적 상호 작용이 크게 방해 받기도 했다.
- 교수자의 구체적인 지침이 결여되었을 때 비원어민 학생의 참여나 공헌이 더욱 제한되고 있음을 알 수 있었다.
- 다시 말해서, 이러한 라이프 스타일의 분류는 서로 다른 집단에 대한 이해의 틀을 제공하는 것이다.
- 건축 폐기물 업체에 도입하고 있는 제도를 음식물 쓰레기 처리 업체에 적용하는 방안도 고려해 볼 만하다.

## 효과적으로 논증하기

**1** 다음은 다문화 아동에 대한 연구의 결과 및 논의 부분입니다. 읽고 질문에 답해 봅시다.

한국 문화 적응에 있어서 아버지와의 응집성은 언어 능력과 한국 문화 적응에 부분 매개 역할을, 그리고 어머니와의 응집성은 완전 매개 역할을 하였다. 즉 언어 능력, 아버지와의 응집성, 그리고 한국 문화 적응 간의 관계에서는 언어 능력이 한국 문화 적응에 직접적으로 긍정적인 영향을 미칠 뿐 아니라 내국인인 아버지와의 응집성을 향상시켜 한국 문화 적응에 영향을 미쳤고, 어머니 모델에 있어서는 자녀의 언어 능력이 어머니와의 친밀한 관계를 통해서만 한국 문화 적응을 향상시킴을 보여 주었다. 이와 같은 결과는 이주 아동을 대상으로 한 국외 연구에서 이주 아동의 적응이 부모 모두와의 친밀한 관계에 의해 영향을 받으며, 부모 양쪽의 지지 및 애정적인 태도가 문화 적응에 강력한 영향을 미친다는 사실(Cauce, Reid, Ramey, & Gonzales, 1990; Kim et al., 2006)을 보여 준다.

물론 이주 아동에 대한 선행 연구(Cauce et al., 1990)의 경우에는 부부간 인종적 배경이 같은 경우가 대부분이므로 본 연구와 상황이 다를 수는 있다. 또한 국내에서는 언어 능력, 부모와의 응집성, 문화 적응 간의 관계를 파악하려는 시도가 이루어진 적이 없었기 때문에, 왜 아버지와의 응집성은 언어 능력과 문화 적응 간의 관계에 있어서 부분 매개 역할을, 그리고 어머니와의 응집성은 완전 매개 역할을 하는지를 명확하게 설명할 이론적 근거는 부족하다. 하지만 인종적 배경이 다른 국내 다문화 가정 아동의 한국 문화 적응에 있어서 내국인이 아닌 어머니와의 친밀한 관계가 완전 매개 변인으로 확인된 것은 국내 다문화 가정의

김미예·임지영·그레이스 정 (2012), 「다문화가정 아동의 언어능력과 부모-자녀 응집성이 자아존중감 및 문화적응에 미치는 영향」, 『한국간호과학회』, 42(6), 879-888쪽 중에서

경우에도 유아기를 넘어서 아동기에까지 어머니와의 친밀한 관계는 아동의 한국 문화 적응에 있어 중요한 보호 요인으로 작용함을 시사한다. 따라서 그동안 한국어 교육 혹은 한국어 문화 교육을 중심으로 이루어진 획일적 문화 적응 프로그램에서 벗어나 부-자녀 관계 및 모-자녀 관계의 증진을 위한 놀이 프로그램 등을 포함하는 통합적 프로그램 실행을 통해 다문화 가정 아동의 문화 적응을 도모해야 할 것이다.

1) 이 글에 나타난 연구 결과를 한 문장으로 요약하여 말해 봅시다.

   다문화 아동의 한국 문화 적응은 _____
   _____.

2) 이 글에서 밑줄 친 부분을 삽입한 이유는 무엇입니까? 이 부분을 삽입함으로써 독자에게 어떤 효과를 줄 수 있을지 생각해 봅시다.

**참고**

**반론을 인정하는 표현**

예상되는 독자의 반론이 있을 경우에 이를 인정하면서 필자의 주장을 더욱 설득적으로 드러낼 수 있다.

- 각기 다른 라이프 스타일 유형은 특정 출생 동시 집단의 정체성을 의미<u>할 수도 있다</u>.
- 기존의 이론들에서는 유전적 이론, 문화 결핍 이론, 문화 불일치 이론 등에 의거하여 이주민 자녀의 교육적 성취를 이해하<u>기도 한다. 그러나</u> 이러한 이론들은 소수 집단 학생들 스스로의 관점에서 학업 성취에 대해 어떻게 생각하며 어떻게 행하는지를 이해하는 데 도움이 되지 않으므로 오히려 지배 집단의 관점에서 소수 집단의 행위를 평가하는 관점을 취하고 있다고 할 수 있다.
- 현재 이러한 측면에 대한 대책이 어느 정도 마련되어 있다고 보는 <u>관점도 있을 수 있지만</u>, 다문화 가정 자녀의 구체적인 학업 수행 과정에 대한 고려 없이 마련된 정책은 없느니만 못하다고 할 수 있다.

**2** 다음은 텔레비전 드라마에 대한 논문의 본문 일부입니다. 읽고 질문에 답해 봅시다.

또한 텔레비전 드라마는 그 매체적인 속성으로부터도 역시 현실을 구성해 내는 강력한 도구가 된다는 점에 주목할 필요가 있다. 플리터만 루이스(Flitterman-Lewis) 같은 비평가는 일관성과 의미를 부여하는 위치에 있는 영화 관객과는 달리, 텔레비전 시청자의 분산된 위치가 의미를 생성하고 수용하는 방식에 영향을 미친다고 주장한다. 가령 불이 켜 있는 경우가 많고, 사람들이 돌아다니거나 한번에 여러 가지 일을 하며, 무심코 보고, 다른 사람들과 더러 이야기도 하며, 심지어 언제든 끄려고 작정하거나 다른 채널로 수시로 돌릴 수 있는 텔레비전 시청자의 위치가 등장인물과의 동일시나 서사에의 몰입을 방해하는 것이 아니라, 오히려 장면들과의 수많은 부분적 동일시를 제공한다는 것이다. 이 같은 이론은 오늘날의 텔레비전 드라마가 우리를 매료시키는 이유의 중요한 점을 포착할 수 있게 해 준다. 즉 시청자들이 매번 뻔한 드라마에 몰입하고 즐거움을 느끼는 것은 단순히 현대판 영웅 드라마나 신데렐라 드라마가 힘겨운 일상의 삶에서 난쟁이가 되어 버린 자아의 대리 만족이거나 욕망의 발현이어서만은 아니라는 것이다. 오히려 텔레비전 드라마는 일상의 사소한 부분에서 나타나는 다양한 재미들, 가령 일명 어록으로 불리는 대사가 주는 재미, 남녀 주인공의 순화의 과정, 드라마 배경의 자연적인 아름다움, 인테리어나 의상 같은 생활의 정보, 남녀 배우의 육체의 아름다움 등을 제공함으로써 산발적인 재미와 파편화된 관심을 곳곳에서 이끌어낸다. 이 같은 다양한 재미와 흥미의 요소들은 우리의 일상적인 욕망과 관심을 반영하거나 대리 충족시켜 줄 뿐만 아니라, 더 나아가 그것을 창출해 내기도 한다. 이와 같이 텔레비전 드라마는 현실을 반영할 뿐만 아니라, 현실을 구성하는 역할을 하는 매체라고 할 수 있다.

---

오연희(2006),
「문학의 확장과 현대의 신화 – 텔레비전 드라마의 문학적 가능성과 한계」, 『한국언어문학』, 56(단일호), 275-295쪽 중에서

1) 이 글의 중심 내용을 한 문장으로 요약하여 이야기해 봅시다.

　　텔레비전 드라마는 매체적 속성에 따라 _____

　　_____.

2) 이 글의 논증에서 사용된 방식이 무엇인지 다음 **보기**를 중심으로 확인해 봅시다.

예시　　　묘사　　　인용　　　부정

3) 밑줄 친 표현은 어떤 기능을 하는지 생각해 봅시다. 이러한 표현을 사용하는 것은 필자의 논지를 전개하는 데 어떤 역할을 합니까?

**참고**

**부정 표현**
다른 관점과 대조하여 특성을 명확히 하거나 예상되는 관점을 부정하고 필자의 관점을 강조하며 주장을 명확히 제시할 수 있다.

- 본 연구를 통해서 필자는 라이프 스타일의 설명이 옳다고 말하고자 하는 것<u>이 아니다</u>. 이에 대한 독자의 이해와 공유를 구하고 있<u>는 것이다</u>.

- 여기서 사용되는 문화의 개념이란, 고급 문화나 예술 등의 한정된 의미로 쓰이는 것<u>이 아니라</u>, 한 사회 내의 구성원들이 공유하고 있는 삶의 방식과 사고 체계를 의미한다.

- 외국인 유학생들은 학문적 공동체인 국내 대학에 진입한 후 그들과의 지속적인 상호 작용을 통해 목표 언어 의사소통 능력도 향상시켜 나갈 것이라 기대된다. <u>그러나</u> 이와 같은 짐작과는 달리 그들은 대학 생활에 적응하지 못하거나, 성적 부진이나 중도 탈락의 문제를 계속 학교 안팎에서 노출시키고 있다.

- 여기서는 단순히 사용되는 형식을 확인하는 <u>것보다는</u>, 호칭어가 어떤 요인과 높은 상관성을 가지면서 쓰이는지를 구체적으로 탐색하고자 하였다.

- 경어법을 제대로 이해하고 충실히 기술하기 위해서는 자료 수집과 분석 단계에서부터 유의해야 할 <u>뿐만 아니라</u>, 결과에 대한 해석에서도 신중한 접근이 필요하다.

- 그러나 그러한 활동은 목표 언어 구사 능력의 차이로 기인하는 불균등한 권력으로 인해 비원어민 학생들의 참여 기회를 <u>오히려</u> 축소시키기도 하였다.

**참고**

**주장을 뒷받침하는 표현**
설득력 있는 주장을 하기 위해서는 여러 가지 근거를 구체화하고 강화하는 표현을 사용하여 논증을 풍부하게 할 필요가 있다.

**구체화와 환언 표현**
- 다문화 가정 자녀에게 지원을 제공할 경우 편견의 여지를 주지 않도록 배려하는 것이 중요하다. 예컨대, 보충 학습 지도나 숙제 지도를 위해서는 이러한 지도가 필요한 일반 학생들도 함께 모아 지도할 수 있을 것이다. 즉 이들이 다문화 가정 자녀라서 지도를 받는 것이 아니라, 기본 학습 능력을 배양하기 위해 지원이 필요하기 때문에 지도를 한다는 방향으로 진행하는 것이다.

**가정 표현**
- 그들이 만약 학문 공동체 일원으로 수용되지 못하고 언어 사용자 정체성도 제대로 갖지 못한다면, 그들은 한국어 원어민의 '정상성'(Foucault, 1973) 범주에서 벗어난 '실패한 비원어민'으로 폄하된 채 주변부에 머무르게 될지 모른다.
- 태도 표현에 대한 교육이 이루어지지 않으면 이러한 문제를 해결하기 어려울 것으로 보인다.

### ❸ 다음 단락 안에 적절한 문장을 써 넣어 봅시다.

1) 이러한 결과는 아직 국제결혼 가정 자녀의 학업 수행 과정에 대한 축적된 연구 결과가 부족한 상황에서 다문화 가정 자녀의 학업 수행 과정에 대한 성급한 일반화를 경계해야 함을 시사한다. 현상에 대한 일반화만을 추구한다면 _____
_____ 우려가 있다. 따라서 _____
_____ 이/가 아니라, 그러한 현상을 조장하는 여러 가지 환경적·맥락적 요소에 대한 이해를 먼저 추구할 필요가 있다.

2) 이들 학습자들은 외국 유학을 통해 즉각적인 경제적 보상, 혹은 특정 계층으로의 지위 상승과 같은 사회적 욕망을 추구하고 있었다. 예를 들면 양양은 _____
_____
_____. 즉 이들에게 한국 유학이란 _____
_____.

**쓰기 1**

❶ 다음 주제에 대해서 다른 학생들과 의견을 모아 주장하는 단락을 써 봅시다.

- 여러 가지 논증 방식을 활용하여 주장하는 단락을 완성해 봅시다.

- 의견이 다른 학생들과 글을 바꿔 읽고 어느 주장이 설득력이 있는지 이야기해 봅시다.

**주제**

**조기 유학**
조기 유학은 외국어 공부를 위해서나 미래를 위해 좋은 선택이 될 수 있다.
**vs.**
조기 유학에는 효과보다는 부작용이 더 많다.

**대학 교육**
대학 교육은 취직을 대비한 실무 중심으로 이루어져야 한다.
**vs.**
대학 교육은 진리 탐구라는 대학의 본질에 충실하게 이루어져야 한다.

**기술 발전**
기술 발전은 인간을 행복하게 한다.
**vs.**
기술 발전은 인간을 불행하게 한다.

**중심 생각 문장**

**뒷받침 근거 사례 보충 설명**

8. 주장하기

**1** 논문의 각 부분에서 필자의 주장이 명확하게 드러나도록 써 봅시다.

**2** 다음과 같은 방식을 활용하여 효과적으로 논증해 봅시다.

- 다른 관점과 대조하거나 부정하여 관점을 명확하게 드러내기
- 예상되는 반론을 일부 인정하거나 반박하기
- 구체적인 사례를 제시하거나 환언하기
- 가정 상황을 제시하기

**다음 사항에 대해서 평가해 봅시다.**
☐ 주장이 명확히 드러나게 보고서를 쓸 수 있다.
☐ 필자의 판단을 드러내는 종결 표현과 함께 적절하게 주장을 할 수 있다.
☐ 다양한 논증 방식을 활용하여 설득력 있게 주장을 할 수 있다.

# UNIT 9 연결하기

● 다음 자료를 보고 질문에 답해 봅시다.

그리고  그러므로

하지만

이러한 예상과는 달리

그러나  그렇다면

이러한

여기서는

앞서 살펴본 것과 같이

정리해 보면

여기서 주목할 것은

본 장에서는

1. 이들 표현 중에서 여러분이 자주 쓰는 표현은 무엇입니까?

2. 이러한 표현은 어떤 기능을 하는지 이야기해 봅시다.

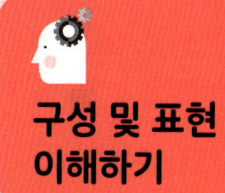

## 독자 안내하기

**1** 다음 글은 다문화 가정 자녀에 대한 논문의 연구 결과 부분입니다. 글을 읽고 질문에 답해 봅시다.

아동은 가정에서 부모와의 끊임없는 상호 작용을 통해 자신에 대한 가치 판단을 하게 되고, ㉠ <u>이로 인해</u> 건강한 성격 발달과 자아 실현, 타인과의 바람직한 인간 관계를 이루게 되어 긍정적인 사회·정서적 발달을 가져온다(Park, 2003). 따라서 부모와의 친밀한 관계는 이들에게 안전 기반(secure base)으로 작용하고, 이는 다시 아동의 긍정적인 적응을 이루게 한다. 즉 다문화 가정 아동에게도 부모와의 친밀한 관계, 응집성은 상대적으로 낮은 한국어 능력에도 불구하고 보호 요인으로 작용하여 그들의 긍정적인 자아 존중감 형성에 필수적인 기제로 작용한다고 볼 수 있다. 또 이주 아동이든 또는 다문화 가정 아동이든 간에 언어상의 문제로 타인과의 의사소통에 어려움을 겪게 되면 ㉡ <u>이는</u> 직접적으로 자아 존중감에 영향을 줄 뿐만 아니라 중요한 타자, 즉 부모와의 친밀한 관계 형성에 어려움을 야기하여 자아 존중감에도 부정적인 영향을 미치는 것으로 이해된다. ㉢ <u>이러한 결과에 따라</u> 앞으로 다문화 가정 아동의 자아 존중감 향상을 위한 프로그램 개발 시 한국어 교육과 더불어 모-자녀 관계뿐만 아니라 부-자녀 관계의 친밀성 증진을 중심으로 더 집중적인 중재가 이루어져야 할 것이다.

김미예·임지영·그레이스 정 (2012), 「다문화가정 아동의 언어능력과 부모-자녀 응집성이 자아존중감 및 문화적응에 미치는 영향」, 『한국간호과학회』, 42(6), 879-888쪽 중에서

1) 이 글의 중심 내용을 요약하여 말해 봅시다.

　　부모 응집성은 _____.

　　따라서 _____.

2) 밑줄 친 부분이 공통적으로 하는 기능은 무엇인지 이야기해 봅시다.

3) ㉠~㉢ 상자 안에서 '이'가 가리키는 내용이 무엇인지 전후 본문에서 찾아봅시다.

㉠ 이로 인해

㉡ 이는

㉢ 이러한 결과에 따라

4) 이 글에서 문장 간의 관계를 연결하는 접속 표현을 찾아 동그라미 표시를 하고, 그 의미를 다음 **보기** 중에서 골라 설명해 봅시다.

| 보기 | | | | |
|---|---|---|---|---|
| | 인과 | 나열 | 환언 | 가정 |

참고

**독자 안내 표현**

- <u>본 장에서는</u> 연구 결과와 함께 다문화 가정 자녀 관련 정책 수립에 주는 함의에 대해서 논하도록 하겠다.
- <u>본 절에서는</u> 다문화 가정 자녀의 학업 성취에 영향을 미치는 요소를 중점적으로 <u>살펴보겠다</u>.
- <u>먼저</u> 통사·의미론적 경어법 기술의 문제점을 한두 가지 지적하<u>기로 한다</u>.
- <u>다음으로</u> 독자에 대한 필자의 태도 표현 방식을 <u>살펴보겠다</u>.
- <u>정리하자면</u>, 바람직한 다문화 가정 부모-자녀 관계를 제시하고 다문화 가정 아동의 자아 존중감과 한국 문화 적응을 향상시키는 데 필요한 지원 체제 개발의 타당성과 이에 대한 기초 자료를 제공해야 할 것이다.

## 연결 표현 쓰기

**1** 다음 빈칸에 '이' 관련 연결 표현을 사용하여 글을 완성하여 봅시다.

1) 경어법의 개념은 크게 두 가지 방향에서 파악되었는데, 하나는 경어법에 관여하는 사람과 사람의 관계와 사용 맥락을 중심으로 살피는 것이고, 다른 하나는 언어 사용 맥락보다는 언어 형식의 내적 관계를 중심으로 경어법을 해석하는 것이다. _____ 경어법을 어떤 개념으로 바라보는지는 국어 경어법에 대한 정확한 이해와 기술에 영향을 끼치는 핵심적 요소이다.

2) 초등학교 교실에서 교실 활동의 유형에 주목하면서 비원어민 학생들의 참여를 새롭게 해석한 연구 문헌도 발견된다. _____ 연구는 비록 초등학교 교실을 배경으로 수행된 것이나, 비원어민 대학생들의 교실 활동을 이해하는 데 도움을 줄 수 있다.

3) 지난 십여 년 동안 제2언어 교육 분야에서 가장 주목할 만한 연구 전통 중 하나는 언어 학습을 정체성의 구축에 따른 공동체 구성원으로서의 사회화로서 바라본 것이다. _____ 관점에서 보면 외국인 유학생의 제2언어 사용과 학습은 언어 지식을 습득하는 개인의 문제라기보다는 공동체 안에서 '사회적 실행' 차원의 문제로 이해할 수 있다.

4) 내러티브 연구 방법은 개인 학습자들이 현재 위치한 맥락에서부터 자신이 지나온 삶의 궤적을 성찰하게 함으로써 이를 사회와 문화적 단면에서 바라보게 한다. _____ 학문 공동체 내에서 그들의 언어적·학문적 성장에 영향을 미칠 수 있는 복잡한 요인들이 무엇인지 좀 더 면밀한 통찰력을 제공해 준다.

**2** 다음 보기 중 적절한 것을 사용하여 글을 완성해 봅시다.

| 보기 | | | | |
|---|---|---|---|---|
| | 먼저 | 또한 | 특히 | 그리고 |

1) 본 연구에서는 자료의 처리를 위해 SPSS 18.0 프로그램을 사용하였다. _____ 대상자의 인구 통계학적 특성을 알아보고자 빈도 분석을 수행하였다. _____ 연구 변수들의 평균과 표준 편차 등

에 대한 기술 통계 분석을 실시하였으며, 척도의 신뢰도 분석을 실시하였다. _____ 다문화 아동의 언어 능력과 부모와의 응집성이 자아 존중감과 한국 문화 적응에 미치는 영향과 언어 능력과 각 종속 변수 간의 관계에서 부모와의 응집성의 매개 역할을 알아보기 위해 다중 회귀 분석을 실시하였다. _____ 이때에는 매개 효과 검증을 위해 Baron과 Kenny(1986)가 제시한 절차에 따라 세 단계의 회귀 방정식 절차를 따랐다.

김미예·임지영·그레이스 정(2012), 「다문화가정 아동의 언어능력과 부모-자녀 응집성이 자아존중감 및 문화적응에 미치는 영향」, 『한국간호과학회』, 42(6), 879-888쪽 중에서

**보기**    또한    이러한    이는

2) 먼저 부모와의 친밀한 관계 변인을 살펴보면, _____ 자녀의 자아 존중감에 영향을 미치는 중요한 요인으로 나타났다. 기존 연구 중 본 Koh(2010)의 연구에서도 가족 응집성이 부모의 양육 태도보다도 훨씬 더 강하게 자아 존중감을 설명한 바 있다. _____ 다문화 가정 아동을 대상으로 연구한 Nam과 Baik(2011)의 연구에서는 어머니와 온정적이고 지지적인 관계를 맺을 경우 아동의 자아 존중감이 높아졌으며, Park(2010)의 연구에서도 다문화 가정 아동이 지각한 전반적인 가족 관계의 질과 그들의 자아 존중감 사이에 유의미한 정적 상관 관계가 나타났다. 이를 보면 다문화 가정 아동의 자아 존중감에 있어서도 부모와의 응집성은 주요 요인으로서 작용하고 있음을 알 수 있다. 그러나 _____ 소수의 연구들을 제외하고는 전반적으로 기존 연구에서 부모-자녀 간의 관계 특성이 다문화 가정 아동의 자아 존중감 및 한국 문화 적응을 돕는 요인이 될 수 있다는 점은 간과되어 왔다. 이는 현재 다문화 가정 관련 연구가 갖고 있는 중요한 제한점이 될 수 있다.

김미예·임지영·그레이스 정(2012), 「다문화가정 아동의 언어능력과 부모-자녀 응집성이 자아존중감 및 문화적응에 미치는 영향」, 『한국간호과학회』, 42(6), 879-888쪽 중에서

**보기**    더욱이    이러한    그러나

3) 다문화 사회 진입 과정에서 한국의 학교 역시 인종적·민족적·문화적 다양성에서 더 이상 자유롭지 않다. 1990년대 이후 급증한 국제결혼 가정의 자녀들이 취학 연령에 진입하였고, 이주 노동자 자녀들도 한국 학교에 진학하는 비율이 증가하고 있다. _____ 다원주의 국가의 경험이 축적되

지 않은 한국 사회에서 주류 인구 집단(majority)과 다른 인종적·민족적·문화적 배경을 가진 집단들은 학교 및 일상생활에서 여러 어려움을 겪고 있다. _____ 어려움은 뿌리 깊은 한국의 혈통주의에 입각한 단일 민족의 신화로 가중되고 있다. _____ 다문화 관련 정책이 체계적으로 수립되어 있지 않고 다양성에 대한 사회적 관행과 인식이 발달하지 않은 한국 사회에서 이들은 기본적인 생계 보장, 학업, 의료 및 보건, 문화 및 여가, 사회 관계 형성 등의 혜택을 제대로 누리지 못하고 있는 실정이다. 심지어 2007년 8월 유엔 인종차별철폐위원회는 한국 사회는 다민족 사회가 된 현실을 직시하고 '단일 민족'이라는 이미지를 극복하기 위한 조치를 취하라고 권고한 바 있다.

조혜영·서덕희·권순희(2008), 「다문화가정 자녀의 학업수행에 관한 문화기술적 연구」, 『교육사회학연구』, 18(2), 105-134쪽 중에서

**참고**

**연결 표현**

**텍스트의 다른 부분과 연결하는 표현**
- <u>3장에서 지적한 바와 같이</u>, 군대 집단의 경우 경어법 사용이 구성원 사이의 갈등 관계의 직접적 요인으로 작용할 수 있고, 학교나 회사, 공무원 조직 등 다른 2차 집단에서도 이와 비슷한 상황이 보고되고 있다.

**지시어(이, 위, 앞 등)로 연결하는 표현**
- <u>위의 연구 결과를 토대로</u> 효율적인 다문화 정책 추진을 위한 정책 제언을 하면 <u>다음과 같다</u>.
- <u>위에서 알 수 있듯이</u> 복잡한 어휘가 사용되지 않는 수업상의 의사소통에는 큰 어려움이 없다.
- <u>앞서 설명하였지만</u> 이러한 '-시-'는 대화 상황에서 화자가 높이고자 하는 '상황 주체'를 위해서 쓰인 것이다.
- <u>이렇게</u> 그녀가 두 나라 사이에서 중립적인 위치를 갖게 된 계기는 무엇보다 자신의 부모님과 한국인 남자 친구의 인식의 폭을 좁히고 싶다는 바람 때문이기도 하였다.
- <u>이러한 연구 결과는</u> 아직 이주민 자녀, 국제결혼 가정 자녀의 학업 수행 과정에 대한 축적된 연구 결과가 부족한 상황에서 다문화 가정 자녀의 학업 수행 과정에 대한 성급한 일반화를 경계해야 함을 시사한다.
- 또한 필자는 자신뿐만 아니라 독자 역시 글 속에 드러내지 않는다. 그런데 <u>이는</u> 필자가 독자의 특정한 층위를 설정하지 않는다는 말은 아니다.
- <u>이와 같이</u> 필자는 자신의 평가와 판단을 표현할 때 다층적인 위계를 가지고 있는 여러 표현들 중에서 자신의 확신 정도에 맞는 표현을 정밀하게 선택하여 사용한다.

**문장 간에 연결하는 접속 부사**
- 병렬: 그리고, 또한, 또, 또는, 더구나, 게다가
- 인과: 따라서, 그러므로
- 반대: 그러나, 하지만

## 독자의 이해 돕기

**1** 다음 글을 읽고 질문에 답해 봅시다.

> ㉠ 한편 이러한 예술 교육의 중요성에 대한 인식은 어디에서 비롯된 것일까? 최근 각국에서 수립되고 있는 유례없는 예술 교육 강조 정책에는 자국민의 문화 예술적 소양을 기르고 예술적 재능을 키우며 심미적 정서 함양 활동을 통해 전인적 성장을 도모하고자 하는 '전통적 예술 교육' 이상의 또 다른 '핵심 가치'와 보다 강력하고 뚜렷한 새로운 '목적의식'이 숨겨져 있다. ㉡ **우리는** 바로 이 점에 주목해야 한다. 도대체 '왜' 예술 교육이 최근 전 세계적으로 유례없이 강조되고 있는지, 또 추구하고자 하는 '효과', 즉 예술 교육을 통해 무엇을 얻기 원하는지, 이 목적의 성취를 위해 어떤 '방법'으로 예술 교육이 전개되고 있는지에 대한 깊은 이해가 필요하다. 이러한 맥락적 이해의 토대 위에서 한국 상황에 맞는 예술 교육 활성화 정책이 수립되고 전개될 때 비로소 창의적 융합 인재 육성을 위한 예술 교육의 실현이 가능하기 때문이다.
>
> 태진미(2011), 「창의적 융합인재양성, 왜 예술교육에 주목하는가?」, 『영재교육연구』, 21(4), 1011-1032쪽 중에서

1) 이 글에서 필자가 주장하고자 하는 중심 생각을 한 문장으로 요약하여 말해 봅시다.

2) 밑줄 친 표현들을 사용함으로써 얻는 효과는 무엇인지 생각해 봅시다.

3) ㉡에서 '**우리는**'이라는 표현을 사용한 이유는 무엇일까?

**참고**

**해설 표현**
- <u>이와 같은 자료 조사 방법과 관련하여 한 가지 지적할 것은</u> 언어 사용의 주체를 제보자로 지정하든 대화 상대방으로 지정하든 설문 조사를 통한 응답은 실제 용법과 차이가 있다는 점이다.
- <u>마지막으로 덧붙인다면,</u> 이들 결혼 이주 여성들에게 체계적인 한국어 교육의 기회를 제공하는 것은 그들에게 우리 사회의 일원이 될 첫 문을 열어 주는 행위라는 것이다.

**문제 의식을 강조하는 표현**
- <u>그러면 이들을 위한 한국어 교육의 목표와 성격은 어떻게 규정되어야 할까?</u> 쉽게 답하기는 어렵겠지만, 그것은 일반적인 외국인을 위한 한국어 교육의 목표 및 성격과는 상당 부분 달라져야 할 것으로 생각된다.

**❷ 다음 보기 중 적절한 표현을 사용하여 글의 해설 표현을 완성해 봅시다.**

| 보기 | | |
|---|---|---|
| 문제 | 주목 | 제안 |

1) 정리하면, 초기의 국제결혼은 이미 앞서 본 대로 그 수가 일반적인 예상을 뛰어넘는 수준으로 많으며, 또 최근 와서 그 수가 더욱 급증하는 추세에 있다는 것이다.

　　**그런데 여기서 _____은/는** 국제결혼 급증 현상이 매우 짧은 시간 동안에 일어난 새로운 변화이기는 하지만, 혼인 당사자나 우리 사회가 이에 대한 제대로 된 준비를 지금껏 해 오지 못했다는 점이다.

2) 그런데 이들의 환경은 일반적으로 결혼 이주 여성에게 한국어를 체계적으로 교육받을 수 있는 여건을 제공하지 못하였다. 이들 가정 내 한국어 학습의 상황을 살핀 결과, 처음부터 단편적이고 임시적인 한국어 학습을 벗어나기 어려운 한계를 보였다.

　　**여기서 _____할 만한 사실은** 이들 결혼 이주 여성들이 사용해 온 사전 및 학습서가 모두 단어장 또는 여행자용 회화 소책자 수준이었다는 것이다. 즉 대부분의 이주 여성들의 언어 학습은 모국어와 한국어 단어를 간략히 대비해 놓은 단어장과 여행자를 위해 간단하게 편집한 회화 소책자 정도만을 가지고 공부하는 데 머무르고 있었다.

왕한석(2006), 「국제결혼 이주여성의 언어 적응의 제 양상」, 『담화·인지언어학회 학술대회 발표논문집』, 3-17쪽 중에서

## 쓰기 1

**1 다음 단락을 적절한 연결 표현을 사용하여 고쳐 봅시다.**

1) 먼저 이 글에서 전달하고자 하는 중심 내용이 무엇일지 생각해 봅시다.

2) 아래 문장들을 다음 보기 중에서 선택하여 여러 가지 표현으로 연결해 봅시다.

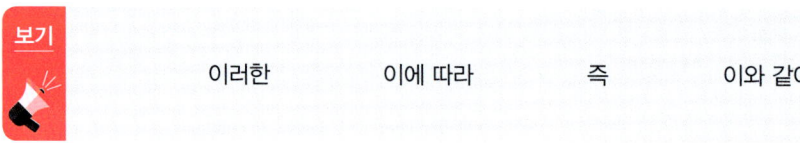

**보기** 이러한 이에 따라 즉 이와 같이

㉠ 캐나다는 대부분 전 세계 모든 국가에서 온 이주민들로 이루어진 다문화 국가이다. ㉡ ______ 이민자들의 문화적 관습은 각 가족의 관습에 따라서도 다양하다. ㉢ ______ 단일한 '캐나다 문화'가 없고, 국가를 대표하는 의복 또는 국가적 음식을 들기도 어렵다. ㉣ 캐나다에서는 전통 기념품으로 원주민 인디언 의상과 메이플 시럽을 팔지만, 이들을 진정한 캐나다의 전통 의상이나 음식이라고 말하기는 어려운 것이다. ㉤ ______ 캐나다인의 문화적·민족적 배경은 다양하지만, 캐나다 가족의 구조를 정확하게 설명하기 위한 샘플링이 제한적이어서 추정이 쉽지 않다. ㉥ ______ 매년 캐나다는 전국적으로 모든 가정에 대해 필수적으로 종합 사회 조사를 실시하고, 이렇게 조사한 자료를 바탕으로 보고서를 작성하여 온라인으로 공개하고 있다.

구 연구반 학생 지나(캐나다) 작성

**쓰기 2**

❶ 보고서에 전체 구조를 안내하는 표현을 추가해 봅시다.

❷ 보고서에 앞뒤 관련되는 부분을 연결하는 '이' 관련 표현을 추가해 봅시다.

❸ 단락과 단락, 문장과 문장의 관계를 고려하여 연결하는 표현을 추가해 봅시다.

❹ 독자에게 강조하고 싶은 부분에 이해를 돕는 해설 표현을 삽입해 봅시다.

**자기 평가**

다음 사항에 대해 평가해 봅시다.
- ☐ 독자가 글의 구조를 파악하면서 읽도록 적절한 안내 표현을 사용할 수 있다.
- ☐ 텍스트 내의 연관 관계에 대해서 설명할 수 있다.
- ☐ 독자의 몰입을 유도하면서 텍스트를 전개할 수 있다.
- ☐ 적절한 접속 표현으로 문장들을 연결할 수 있다.

9. 연결하기

# UNIT 10 정확하게 쓰기

어떻게 고칠 것인가? 여기에는 먼저 기준이 있어야 할 것이다. 이 기준이 확고하지 않은 사람들은 무턱대고 아름답게, 굉장하게, 유창하게 꾸미려고만 든다. 하지만 아름답고, 굉장하고, 유창하기만 한 글은 마치 덕지덕지 화장을 한 것처럼 오히려 아름다움을 해친다. 먼저 든든히 지키고 나갈 것은 마음이다. 표현하려는 마음이다. 인물이든, 사건이든, 정경이든, 무슨 생각이든, 먼저 내 마음속에 들어왔으니까 나타내고 싶은 것이다. '그 인물, 그 사건, 그 정경, 그 생각을 품은 내 마음'이 여실히 나타났나, 못 나타났나? 퇴고의 기준은 오직 그 점에 있어야 한다. 문장을 위한 문장은 피 없는 문장이다. 문장 혼자만이 아름다울 수는 결코 없다. 마음이 먼저 아름답게 느낀 것이라면 그 마음만 여실히 나타내 보라. 그러면 그 문장이 어찌 아름답지 않고 견딜 것인가? 글을 고친다고 으레 화려하게, 유창하게, 자꾸 문구만 다듬는 것으로 아는 것은 큰 인식 부족이다.

마지막으로는 문장이 문제가 아니다. 문장에서는 앞서 다섯 가지 조건을 모두 충족시켰더라도 최종적으로 '내가 표현하려던 것이 이것인가?', '이것으로 나 자신이 만족하는가?' 하고 한 번 따져보고 내놓는 것이라야 아무리 짧은 글일지라도 비로소 '자기만의 표현'이라 내세울 수 있을 것이다

이태준(2004), 『문장강화』, 범우문고 129, 범우사, 9쪽 중에서

1. 여러분은 좋은 문장이란 무엇이라고 생각합니까?

2. 자신의 문장 고치는 과정에 대해서 말해 봅시다.
   - 몇 번이나 글을 다시 검토합니까?
   - 고칠 때 어떤 점에 중점을 두고 고칩니까?

## 규정에 맞게 쓰기

**1** 국립국어원 홈페이지의 어문 규정과 표준국어대사전을 참고하여 다음 사항을 찾아봅시다.

1) 다음 어휘들에 어떤 차이가 있는지 찾아봅시다.

> (한글 맞춤법 제57항)
> 느리다    늘이다    늘리다    부치다    붙이다

2) 다음 부사의 올바른 표기가 무엇인지 찾아봅시다.

> (한글 맞춤법 제51항)
> 솔직이 / 솔직히    가만이 / 가만히

참고

**한국어의 어문 규정**

| 규정 | 내용 |
| --- | --- |
| 한글 맞춤법 | 띄어쓰기, 문장 부호 사용을 포함하여 한국어 표기 전반에 관련된 규정 |
| 표준어 규정 | 방언, 옛날 말 등 다양한 한국어 형태 중 어떤 것을 표준어로 정할 것인가에 대한 규정과 표준 발음에 대한 규정 |
| 외래어 표기법 | 외국어로 된 인명과 지명 등 외국어 단어를 한국어로 어떻게 쓸 것인가에 대한 규정 |
| 국어의 로마자 표기법 | 한국어를 영어 알파벳으로 어떻게 쓸 것인가에 대한 규정 |

국립국어원 홈페이지(http://www.korean.go.kr) 참조

**2** 다음 규정에 맞게 붙여 써야 할 부분에 ∩, 띄어 써야 할 부분에 ∨ 기호를 사용하여 고쳐 봅시다.

> (제41항) 조사는 그 앞말에 붙여 쓴다.
> 예) 웃고만    꽃밖에

1) 사회 생활을 한다면 마냥 집에서 처럼 편하게 있을 수는 없는 것이다.

2) 다음 은 중종대 조선왕조실록에 나타난 기록이다.

3) 결국 이들 개별적인 노력으로 어려움에 대처할 수 밖에 없는 현실이다.

> (제42항) 의존 명사는 띄어 쓴다.
> 예)  아는 것이 힘이다.        나도 할 수 있다.
>      그가 떠난 지가 오래다.    네가 뜻한 바를 알겠다.

4) 이 정책이 시행된지 벌써 한 달이 지났는데도 여전히 관련한 문제들이 나타난다.

5) 매년 3백억 원 안팎의 돈이 담뱃불 화재를 진화하는데 소요되고 있다.

6) 앞서 보고한대로 응답자들은 학교 밖 공동체에서 오히려 회복을 경험하고 있는 것으로 나타났다.

> (제47항) 보조 용언은 띄어 씀을 원칙으로 하되, 경우에 따라 붙여 씀도 허용한다.
> 예)  불이 꺼져 간다.          내 힘으로 막아 낸다.
>      어머니를 도와 드린다.    그릇을 깨뜨려 버렸다.

7) 이 편지는 조선 시대의 편지로 당시 사용하던 한국어로 쓰여있어 흥미롭다.

8) 하수의 침전물을 걸러내기 위해 지난해 12억 원을 들여 처리 장비를 설치한 바 있다.

9) 이러한 관점에서의 융합 정책도 역시 시도해볼만한 의미가 있다고 본다.

❸ **다음 글을 붙여 써야 할 부분에 ∩, 띄어 써야 할 부분에 ∨ 기호를 사용하여 고쳐 봅시다.**

> 한자어는 한글 창제 이전부터 한국에서 사용되던 것으로, 지금 까지도 한국어의 중요한 부분을 차지 해오고있다. 본 연구에서는 양국 한자어를 전반적으로 비교하지 않고 음운 체계만 비교하였으나, 이를 통해서 도 베트남과 한국의 한자어의 관계에 대하여 어느 정도 알수있다고 본다. 본 연구의 결과는 베트남어 한국 학습자 뿐만 아니라 여러 국적 학습자들의 한자어 학습을 용이하게 하는데 많은 도움이 되리라 생각한다.
>
> 구 연구반 학생 짜미(베트남) 작성

## 정확한 문장 쓰기

❶ **다음 문장에서 호응이 맞지 않는 부분에 밑줄을 긋고 바르게 고쳐 봅시다.**

1) 문제는 이러한 시스템이 오랜 시간 사회 제도에 의해 형성된 것으로 개인적인 노력만으로 이를 극복할 수 없다.

2) 이러한 정책이 여러 부서에서 제안한 바 있다.

3) 본 연구의 관점은 이러한 한류가 국가 브랜드 이미지 제고에 중요한 영향을 끼친다.

4) 왜냐하면 휘발유처럼 에너지는 다 재생할 수 없는 자원에 속한다.

5) 공장 매연과 자동차 배기가스가 포함한 이산화탄소가 대기에 배출했다.

6) 원자력 발전은 처음 1954년에 영국, 소련에서 시도하여 현재까지 중요한 에너지 원천으로 이용되고 있다.

7) 결론적으로 영상 시대 운동의 한국 영화사적 의의는 영화 운동의 맥을 이었다.

8) 본 연구에서는 고조선의 역사적 평가와 고조선에 대해 대중들이 왜 모르고 있는 이유에 대해 살펴본다.

9) 이러한 검토를 통해 본고에서는 연극에 대한 관심이 더 많아질 필요가 있다.

**❷ 다음 문장에서 부적절한 어휘에 밑줄을 긋고 바르게 고쳐 봅시다.**

1) 이 브랜드는 2008년에 설립되자마자 큰 인기를 끌어 높은 매출을 올리는 대표적 기업이 되었다는 점은 누구든지 승인하고 있다.

2) 3장에서는 양국이 통신사 파견을 통해 받은 외교적 성과에 대해서 살피고자 한다.

3) 지금까지의 연구에서는 이러한 요인이 부족해 있는 것으로 보인다.

4) 여기서는 한자가 독해력에 대한 영향을 분석한다.

5) 이러한 효과가 나는 이유는 다음 세 가지로 볼 수 있다.

참고

**문장 호응**
문장 호응이란 문장의 앞부분과 뒷부분이 어울려서 적절한 문장을 이루는 것을 말한다. 특히 문장이 길어졌을 때 주어와 서술어, 목적어와 서술어가 잘 맞는지 확인해야 한다.

- 이러한 현상이 나타나는 <u>이유는</u>
  전체적인 조망 없이 다문화 정책이 여러 부서에서 산발적으로 추진<s>되었다</s>.
  → 되었기 때문이다.
- 이에 따라 다음과 같은 방안<s>을</s> 제안<s>될 수 있다</s>.
  → 할 수 있다.

❸ 다음 문장에서 문법이 부적절한 부분에 밑줄을 긋고 바르게 고쳐 봅시다.

1) 이런 점에서 특별히 연구하는 필요성이 나타난다고 본다.

2) 앞으로 이 문제에 대한 지속적인 논의할 것이 필요하다.

3) 대부분 사람들이 전통 복장이 전통문화 중에서 중요한 하나라고 의식이다.

4) 이를 위해 6개월 전부터 여관을 신축하기로 한 등 신경써서 손님 맞이를 준비했다.

5) 여기서 한자어를 독해할 때 동음이의어가 걸림돌로 작용할 경향이 나타난다.


❹ 다음 문장에서 누락된 부분을 추가하거나 불필요한 부분을 삭제하여 문장을 고쳐 봅시다.

1) 본 연구는 A 기업이 어떻게 성공한 것인지를 목적으로 한다.

2) 이 기록에 2011년 매출은 전체 국가 GDP의 22.2%를 차지했다.

3) 이 문제가 제기되기 시작한 지 10년이 넘었지만 정부에서는 대책도 마련하지 않고 있다.

4) 문화는 지금까지 여러 사람들의 논의가 있었다.

참고

**퇴고의 기준**
- 각 문장이 문법적으로 정확한가?(문장 호응, 조사의 사용 등)
- 단어의 사용이 맥락에 적절한가?(전문 용어의 개념 등)
- 규범에 맞게 쓰고 있는가? 틀린 글자, 빠진 글자, 잘못된 구두점(마침표, 물음표) 등은 없는가?
- 각 문장이 객관적이고 이해하기 쉽게 기술되어 있는가? 문장 길이가 너무 길거나 이해하기 어렵지 않은가?
 (구어체 표현, 문장의 길이 등)

## 쓰기 1

**1 다음 단락을 학술 텍스트에 어울리는 표현으로 고쳐 봅시다. 또한 내용이 설득력이 있는지 생각해 보고, 문제점이 있다면 어떤 점에서 보완해야 할지 이야기해 봅시다.**

1) 한류란 한국 가수들의 노래, 드라마, 영화 등 대중문화가 동아시아 국가에서의 유행하는 것이라고 할 수 있다. 1997년 드라마 "사랑이 뭐길래"가 중국에 방영되어 높은 시청률을 기록해 많은 한국 드라마가 사랑을 받았다. 김기훈 경영학과 교수님의 말씀에 의해 "심리적 거리감과 문화적 거리감이 적을수록 한류에 대한 호감도가 높게 나타났다." 또 한국에 대한 호감도가 높으면 한국 제품을 구매하는 의사도 강하다.

2) 그러나 피해 학생이 선생님이나 경찰에게 신고하는 경우는 5%에 불과한 것으로 나타난다. 전반적으로 문제 해결 과정에 적극적인 영향력을 발휘할 수 있는 사람이 교사이라고 생각이 든다. 그러나 조사 결론을 통해 5%밖에 안 되는 학생만 선생님께서 알리는 경우였는데 그것은 올바르지 않다고 본다. 학교 폭력 사건을 일어날 때마다 선생님들은 항상 책임을 지고 즉시 나와서 폭력을 막아야 한다.

3) 최근 개봉하는 영화는 상업 영화가 아닌 경우가 없다. 영화는 현재 사회인들이 손쉽게 돈을 내고 얻을 수 있는 오락 방식 중의 하나이기 때문이다. 따라서 영화인들은 사회 분위기를 파악하여 관객들의 선호에 따라 영화를 제작하고자 노력한다. 영화인들은 상업적 가치를 창출하고 영화 티켓을 사는 관객들은 손쉬운 오락을 추구할 수 있는 관계가 유지되는 게 상업 영화의 발전에 있어 기본적인 요소다.

구 연구반 학생 신홍자(중국) 작성

① 다른 학생과 함께 보고서에서 문장이나 표현이 적절하지 않은 부분을 고쳐 봅시다. 반복되어 나타나는 문제점이 있습니까?

② 보고서에서 다음 보기와 같은 부분을 규정에 맞지 않게 쓴 곳이 있는지 확인하고 고쳐 봅시다.

| 보기 | | | | |
|---|---|---|---|---|
| | 문장 부호 | 띄어쓰기 | 표준어 | 외래어 표기 |

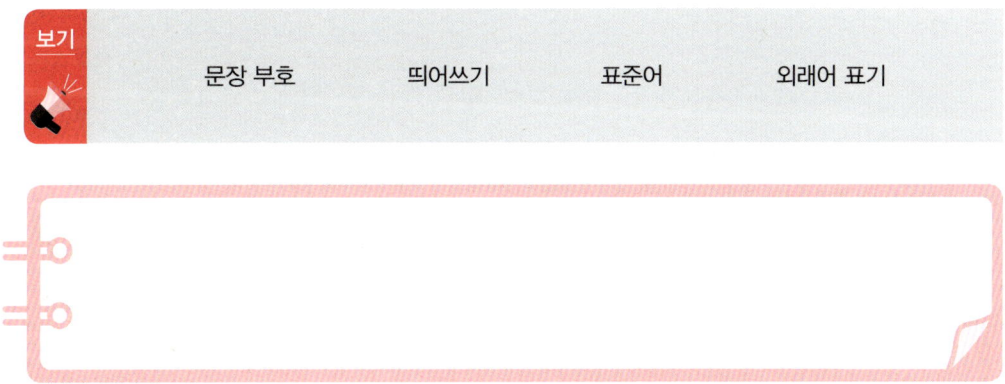

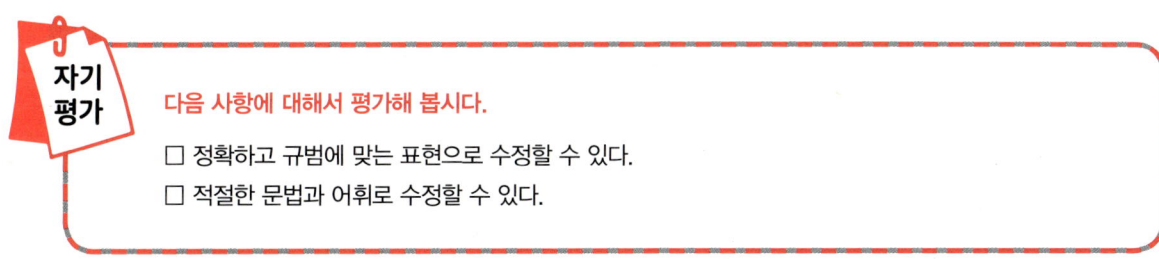

자기 평가

다음 사항에 대해서 평가해 봅시다.

☐ 정확하고 규범에 맞는 표현으로 수정할 수 있다.
☐ 적절한 문법과 어휘로 수정할 수 있다.

# 서론 쓰기

(가)　국내 다문화 가정 자녀 5명 중 1명은 일을 하지 않거나 교육도 받지 않는 상태에서 사회 진출에 어려움을 겪는 것으로 나타났다. 특히 부모를 따라 한국에 온 중도 입국 청소년은 국적 취득을 기다리다 취업 교육 시기를 놓치는 경우가 적지 않은 것으로 파악됐다. 김이선 한국여성정책연구원 가족·다문화연구센터장은 19일 서울 여의도 국회의원회관에서 열린 이주배경청소년정책 토론회에서 이같이 밝혔다.

『연합뉴스』 2015년 11월 19일 자 기사 중에서
(http://www.yonhapnews.co.kr/bulletin/2015/11/19/0200000000AKR20151119129800371.HTML)

(나)　인류학은 수천 년 동안 인간이 고찰해 왔던 일련의 질문들을 다룬다. 사회의 성격은 무엇인가? 문화는 왜 변하는가? 개인으로서의 인간과 특정 사회 집단의 구성원으로서의 인간 사이에는 어떤 관계가 있는가? 인간다움의 뚜렷한 특징은 무엇인가? 왜 문화들은 서로 다른가?

제리 무어(2002), 김우영 옮김, 『인류학의 거장들: 인물로 읽는 인류학의 역사와 이론』, 한길사 중에서

(다)　오빠가 돌아왔다. 옆에 못생긴 여자애 하나를 달고서였다. 화장을 했지만 어린 티를 완전히 감출 수는 없었다. 열일곱 아님 열여덟? 내 예상이 맞다면 나보다 고작 서너 살 위인 것이다. 당분간 같이 좀 지내야 되겠는데요. 오빠는 낡고 뾰족한 구두를 벗고 마루에 올라섰다.

　남의 집 들어오기가 어디 그리 쉬운가. 여자애는 오빠 등 뒤에 숨어 쭈뼛거리고 있었다. 오빠는 어서 올라오라며 여자애의 팔을 끌어당겼다. 아빠는 어처구니가 없다

는 듯 둘을 바라보다가, 내 이 연놈들을 그냥, 하면서 방에서 야구 방망이를 들고 뛰쳐나와 오빠에게 달려들었다.

김영하(2010), 『오빠가 돌아왔다』, 문학동네 중에서

**(라)** 벌써 40여 년 전이다. 내가 갓 세간난 지 얼마 안 돼서 의정부에 내려가 살 때다. 서울 왔다 가는 길에 청량리 역으로 가기 위해 동대문에서 일단 전차를 내려야 했다. 동대문 맞은편 길가에 앉아서 방망이를 깎아 파는 노인이 있었다. 방망이를 한 벌 사 가지고 가려고 깎아 달라고 부탁을 했다. 값을 굉장히 비싸게 부르는 것 같았다. "좀 싸게 해 줄 수 없습니까?" 했더니, "방망이 하나 가지고 에누리하겠소? 비싸거든 다른 데 가 사우."

윤오영(1991), 「방망이 깎던 노인」, 범우문고 104, 범우사 중에서

**1.** 위 글은 여러 장르의 서두 부분입니다. (가)~(라)가 각각 다음 **보기** 중 어떤 장르인지 생각해 보고, 각 장르에서 글의 첫 부분이 어떤 기능을 하는지 이야기해 봅시다.

| 보기 | 소설 | 수필 | 개론서 | 기사 |

**2.** 논문의 첫 부분은 어떤 기능을 할지 이야기해 봅시다.

## 구성 및 표현 이해하기

### 현황 제시하기

**1** 다음은 문화 변용에 대한 논문의 서론입니다. 읽고 질문에 답해 봅시다.

(가)     세계화에 따른 자본과 노동의 이동이라는 전 지구적 규모의 변화에 발맞추어 국가 간 활발한 인적 교류가 이루어지고 있다. 한국의 경우, 2009년 총 출입국자는 3,520만 6,604명에 달했으며, 특히 외국인 출입국자는 1,561만 9,509명으로 2008년보다 15.5%나 상승하여 사상 최대의 증가율을 기록했다(법무부, 2009). 또한 국내에 주민 등록을 한 외국인은 2009년 5월 110만 6,884명에 달하여 주민 등록 인구의 2.2%를 차지하고 있는 것으로 조사되었으며, 이 역시 2008년의 89만 1,341명에서 24.2%가 증가한 수치이다(행정안전부, 2009).

(나)     이와 같은 사람들 간의 교류는 문화 간 이동과 접촉을 동반한다는 점에서 단순한 국가 간 물품의 교역과 구분된다. 서로 다른 문화권 내에서 살던 사람들의 만남은 상대방의 이질 문화에 대한 이해와 적응을 요구하게 된다. 이러한 측면에서 타국에서 한국으로 이주해 온 사람들은 한국이라는 새로운 문화에 적응해야 하는 과정을 겪게 된다. 이들이 한국 문화에 대해 갖고 있는 이질감을 줄이고, 한국 사회와 문화를 긍정적으로 받아들여 사회에 참여하려는 동기를 높여 주는 데에는 무엇보다 한국 문화에 대한 적응이 필수적이다(Kim, 1988; 김현주·전광희·이혜경, 1997). 특히 최근에는 국제결혼을 통해 한국에 정착하게 된 이주민들과 그들의 2세를 비롯하여 외국인 노동자, 유학생들이 겪고 있는 부

적응 문제가 사회 문제로 대두되고 있어, 국내 외국인들의 한국 문화 적응을 돕기 위한 체계적인 사회적 행동과 전략이 필요한 상황이다(노용택, 2010; 임정재, 2008; 정미선, 2010).

(다) 이민자들이 상당 비율을 차지하는 서구 문화에서는 일찍이 문화 변용(acculturation)에 대한 연구가 시작되어 온 반면, 국내의 문화 변용에 대한 연구는 최근 들어서야 활발히 이루어지고 있다. 국내 연구는 주로 결혼 이주 여성(권복순, 2009; 박주희·정진경, 2007; 심인선, 2007; 최운선, 2007; 최혜지, 2009), 유학생(김선남, 2007; 이수범·김동우, 2009; 최금해, 2008), 새터민(곽정래·박승관, 2006; 이창현, 2000), 이주 노동자(김영란, 2007) 등을 대상으로 이루어져 왔다.

(라) 하지만 지금까지 진행되어 온 국내외 연구들은 다음과 같은 측면에서 문제점을 안고 있다. 첫째, 대다수의 연구자들에 의해 동의된 명확한 하나의 측정 도구나 지표가 존재하지 않는다(Mainous, 1989). 연구자들은 각자 민족적 정체성의 정도(Deshpande, Hoyer, & Donthu, 1986), 사회 경제적 지위(Olmedo & Padilla, 1978), 출생지(Valencia, 1985), 언어 사용(Burnam, Hough, Telles, & Escobar, 1987) 등 다양한 조작적 정의를 이용하여 문화 변용을 측정해 왔다. 둘째, 문화 변용에 영향을 미치는 다양한 변수가 존재함에도 지금까지 대부분의 연구들은 개별적인 변수를 사용하여 문화 변용을 측정하였다. 연구자들은 미디어 이용(Weinstock, 1964; Lee & Tse, 1994; 박소라, 2008; 이창현, 2000), 대인 커뮤니케이션(문성준·서탁, 2008), 언어 사용(Samora & Deane, 1956; 권복순, 2009), 교육 정도, 거주 기간(Padila, 1980; 최혜지, 2009) 등에 따른 문화 변용을 살펴보았지만, 이러한 변수들을 통

합적으로 고려하여 살펴본 연구는 지금까지 제대로 이루어지지 못하였다. 셋째, 대다수의 문화 변용 연구들이 이주자들의 기존 문화에 대한 유지 및 친숙도 정도는 간과한 채 이주 문화 적응에만 초점을 맞추고 있다.

(마) 따라서 본 연구에서는 위에서 언급한 선행 연구들의 문제점에 착안하여 국내 체류 외국인들의 문화 변용(acculturation) 과정을 '한국 문화 적응(adaptation to Korean culture)'과 '모국 문화 친화도(ethnic affinity)'라는 두 가지 하위 개념을 통합하여 살펴보고자 한다. 이를 위해 본 연구에서는 첫째, 국내 체류 외국인들의 한국 문화 적응과 모국 문화 친화도에 영향을 미치는 다양한 요인들의 상대적 영향력을 검증하고, 둘째, 한국 문화 적응과 모국 문화 친화도는 어떠한 관계를 갖고 있는지 알아볼 것이다. 마지막으로 국내 체류 외국인들의 한국 문화 적응과 한국 문화에 대한 태도 간의 관계를 살펴보고자 한다. 이는 한국 문화 적응과 모국 문화 친화도 간의 관계를 검증한다는 점에서 의의를 가지며, 또한 국내 체류 외국인들의 문화 적응을 위한 배경 자료로 활용될 수 있을 것이다.

조창환·성윤희(2010), 「국내 체류 외국인의 한국문화적응과 모국문화친화도에 영향을 미치는 요인」, 『한국언론학보』, 54(4), 374-397쪽 중에서

1) 각 단락에서 다루고 있는 내용을 다음 보기에서 골라 봅시다.

보기
(a) 연구 배경   (b) 문제점 제기   (c) 연구 목적, 내용, 의의
(d) 선행 연구의 한계   (e) 선행 연구의 동향

(가) — (    )    (나) — (    )    (다) — (    )
(라) — (    )    (마) — (    )

2) 이 연구 주제가 필요한 이유는 무엇입니까? 다음 두 부분에서 드러난 연구 주제의 필요성에 대해서 말해 봅시다.

> 연구 배경 및 문제점 제기 부분에서

> 선행 연구 검토 부분에서

3) 이 글에 나타난 서론의 기능에 ✓표 해 봅시다.

① 논의에 필요한 주요 개념을 정의한다. (   )
② 대상에 대한 자신의 주장을 제시한다. (   )
③ 관련된 선행 연구를 간략하게 밝힌다. (   )
④ 연구 주제의 가치를 드러낸다. (   )
⑤ 연구 주제와 관련된 배경 상황을 제시한다. (   )
⑥ 본문의 내용 구성을 제시한다. (   )

참고

**서론의 역할과 구성**

서론은 연구의 목적과 필요성 및 의의를 서술하고 문제 제기를 밝히는 부분이다.
연구의 필요성, 연구의 목적, 연구 내용 등으로 구성된다.

**현황 제시 표현**

- 국내에서 다문화 정책에 대한 연구는 비교적 짧은 기간 동안에 다양한 내용으로 동시다발적으로 이루어져 왔다.
- 고등 교육이 국경 없는 교육 체계로 급속히 전환되면서 많은 국가에서는 고등 교육의 국제화에 발 벗고 나서고 있다.

❷ 다음은 서론의 연구 배경 부분입니다. 보기 중 적절한 어휘를 선택하여 글을 완성해 봅시다.

| 보기 | 확대되다 | 미치다 | 증가하다 | 거세지다 | 이루어지다 |

한국은 2009년 OECD 개발원조위원회(Development Assistance Committee)에 공식적으로 가입하면서 세계 최초로 '도움을 받는 나라'에서 '도움을 주는 나라'가 되었다. 이러한 국가의 위상 또는 국격의 변화는 교육 영역에도 영향을 (가)_____ 우리 교육의 각 영역에서 국제화의 물결이 어느 때보다 (나)_____. 우리의 강점인 교육을 통해 국제 사회의 공존과 번영에 기여하기 위한 국가 차원의 정책이 (다)_____, 우리의 역할에 대한 국제 사회의 기대 또한 점점 (라)_____ (배상훈 외, 2010). 우리 교육을 국제화하려는 노력은 지금까지의 교육 발전 경험 전수에서 고등 교육 기관 간 학술 교류에 이르기까지 매우 다양한 차원에서 (마)_____.

한경숙·배상훈·전수빈(2011),「정부초청 외국인 대학원 장학생의 개인적 특성과 한국문화적응과의 관계」,
『한국교육학연구』(구 안암교육학연구), 17(2), 27-45쪽 중에서

##  연구의 필요성 쓰기

❶ 다음 보기 중 적절한 표현을 사용하여 문장을 완성해 봅시다.

| 보기 | 부족하다 | 그치다 | 겪다 |
|      | 지적되다 | 문제가 있다 | 어렵다 |

1) 다문화 정책 사업이 결혼 이민자 및 다문화 가족에 치중되어 있어 외국인 유학생, 외국인 근로자, 동포들에 대한 정책적 배려가 _____.

2) 한국의 경우도 현재 다문화 가정 구성을 위한 한국어 교육이 관련 기관에서 산발적으로 이루어지고 있으나, 지금까지는 초보적인 수준에 _____.

3) 대부분의 다문화 가정은 자녀의 성장 과정뿐 아니라, 학교 입학이나 적응 등에 많은 어려움을 _____.

4) 필자를 전면에 내세우는 서술 방식은 학문적 작문에 적절한 표현 태도라고 보기는 _____.

5) 여기에는 독자로 하여금 필자가 객관성과 보편성을 지닌 존재인가를 의심할 수 있게 하는 여지를 남긴다는 _____.

6) 아이디어나 구성 면에서 상대적으로 보고서들 간 유사성이 높았던 점이 문제로 _____.

참고

**문제점 제기 표현**
- 특히 다문화 가정 아동은 또래에 비해 언어 능력이 현저하게 낮은 것으로 나타났다.
- 2000년대 중반부터 최근까지 이주 노동자와 결혼 이민자의 수는 급격히 증가하는 데 반해, 이들을 위한 제도적 장치와 이해는 부족한 실정이다.

**선행 연구의 한계 지적 표현**
- 이처럼 그간 연구들은 주로 언어 능력과 인지 발달에 치중하여 다문화 가정 아동의 학업 이외 영역에서의 적응에 대한 부분은 간과되어 왔다고 할 수 있다.
- 이러한 가능성에도 불구하고 현재까지 그들의 언어 능력과 자아 존중감에 대해 살핀 연구는 전무하다.

**연구의 필요성 제시 표현**
- 이러한 연구가 요구되는 까닭은 유전자 변형 식품은 단순히 식품 내부적인 문제가 아니라 식품을 둘러싸고 있고 전반적인 사회 구조적인 문제로 인식할 필요가 있기 때문이다.
- 문화 적응은 언어 능력에 영향을 미치는 매우 중요한 변인이다.
- 다문화 가정 아동의 언어 문제는 학업 성취 이외에도 그들의 자아 존중감이나 한국 문화 적응과 같은 중요한 발달적 지표에도 큰 영향을 미친다.

## 연구 도입하기

**1** 다음 보기 중 적절한 것을 골라 연구 목적 및 연구 문제 부분을 완성해 봅시다.

**보기**
목적으로 하다    삼다    조사하다    다음과 같다

1) 본 연구에서는 먼저 유전자 변형 식품에 대한 소비자들의 구매 경로의 구체적인 과정을 설문지를 통해 _____.

2) 본 연구는 가정 내에서 주로 식품을 구매하는 여성 소비자들을 대상으로 유전자 변형 식품에 대한 구매 의도 과정을 실증적으로 규명하는 것을 _____.

3) 구체적인 연구 문제는 _____.
   첫째, ……

4) 이러한 관점에서 본 연구는 유학생들이 겪는 심리적 어려움을 탐색하는 것을 목적으로 _____ _____.

**참고**

**연구 목적에 대한 표현**
- 한국 대학생들의 외국 여행 경험이 다문화 인식에 어떤 영향을 미치는지 알아보<u>고자 한다</u>.
- <u>본 연구의 목적은</u> 국내 체류 외국인들의 문화 적응 양상을 규명하<u>는 데 있다</u>.

**연구 내용에 대한 표현**
- 한국 대학생들의 외국 여행 경험에 대해 <u>조사한다</u>.
- 한국 대학생들이 다문화에 대해서 어떤 인식을 가지고 있는지 <u>밝힌다</u>.
- 외국 여행 경험에 따라 다문화 인식이 어떻게 달라지는지 관계를 <u>살펴본다</u>.

**예상되는 결론과 의의를 기술하는 표현**
- <u>본 연구는</u> 한국 문화 적응과 모국 문화 친화도 간의 관계를 검증한<u>다는 점에서 의의를 갖는다</u>.
- 본 연구는 단순히 유전자 변형 식품에 대한 태도나 인식에 그친 선행 연구의 한계를 벗어나, 과학 기술을 토대로 보다 포괄적인 프레임으로 유전자 변형 식품에 접근<u>함으로써</u> 유전자 변형 식품의 문제점에 대한 소비자들의 태도에 대해 밝<u>힐 수 있을 것이다</u>.

1. 다음 **보기**와 같은 제목으로 논문을 쓰려고 합니다. 서론에서 연구의 필요성을 제시하는 글을 써 봅시다.

- 식품 안정성 보장을 위한 동물 복지 증진 방안 — 국내의 돼지 사육 농장을 중심으로
- 제주 지역 방언 소멸 현황과 원인 — 제주 지역 중·고등학생을 대상으로
- 고등학생들의 요구 분석을 통한 한국 대입 전형의 문제점과 개선 방안
- 멘토링 프로그램을 통한 다문화 가정 자녀 지원 방안
- 대학교 에너지 저감을 위한 친환경 발전소 건립 방안
- 

1) 다음에 대해서 생각해 봅시다.

- 이 문제가 제기되는 배경은 무엇입니까?
- 현재 문제점은 무엇입니까?
- 무엇에 대해 연구할 것입니까?

2) 다음 내용을 메모해 보고, 메모를 보면서 연구의 필요성 부분을 써 봅시다.

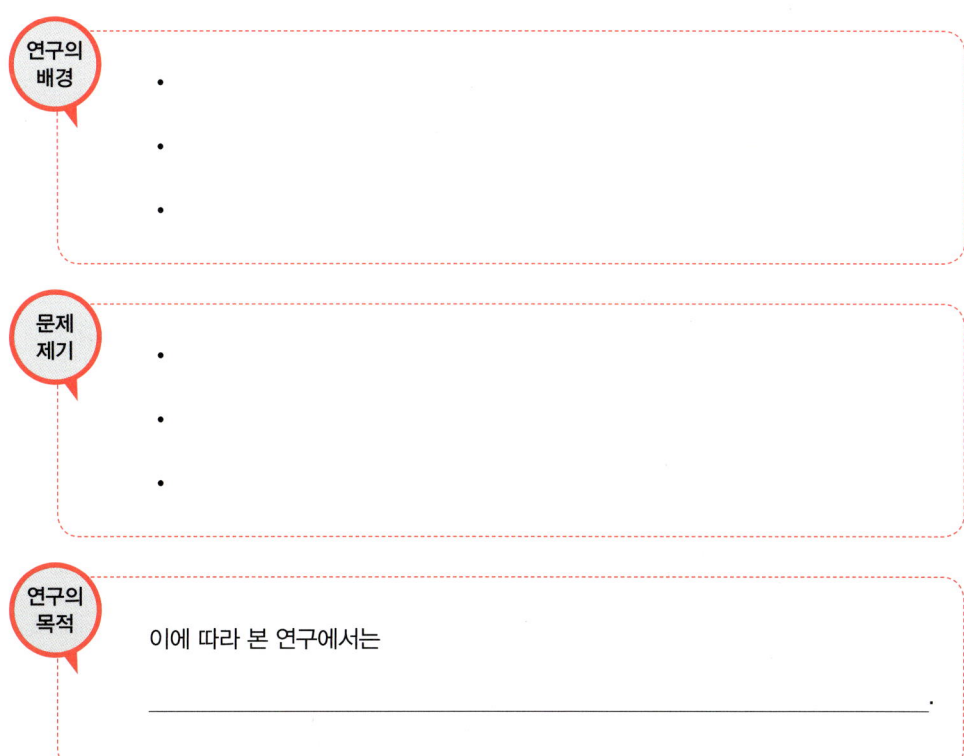

**2** 다음과 같은 제목으로 보고서를 쓰려고 합니다. 주어진 개요를 활용하여 서론을 써 봅시다.

제목: 유학생의 한국 학교생활 적응에 관여하는 요인에 대한 질적 연구
— A국 출신 유학생을 중심으로

개요:

| | |
|---|---|
| 현황 | 한국 각 대학의 유학생 수 증가<br>특히 A국 학생이 가장 많은 수를 차지함. |
| 선행 연구의 한계 | 연구 대상이 유학생 전반<br>양적 연구 ➡ 구체적인 질적 분석 및 해결책 제시 부족 |
| 연구 목적 | 유학생들의 한국 학교 적응에 관여하는 요인과 학교생활에서의 필요와 문제를 파악하여 사회 복지적 측면에서 해결 방안을 찾음. |
| 연구 내용 | A국 출신 유학생에 대한 질적 연구<br>1) 학교생활 적응을 위한 요인 규명<br>2) 학교생활의 필요와 문제점 파악<br>3) 이들을 위한 구체적인 방안 제시 |
| 연구의 의의 | 늘어나고 있는 A국 유학생을 위한 구체적인 지원 방안 마련 |

최근 _____ .   **현황**
특히 _____ .   –고 있다

그러나 _____
_____ .   **문제 제기**
                                                 –(으)ㄴ 실정이다

이러한 문제 의식 아래 본 연구에서는 _____
_____ .   **연구 목적**
                                                 –고자 하다

이를 위해 먼저 _____ .   **연구 내용** –(으)ㄹ 것이다

다음으로 _____      **연구 방법 및 절차**
                                                 –을/를 위해 먼저
_____ . 이를 통해 _____ .   다음으로
                                                 이를 통해

본 연구를 통해 _____
_____ .   **연구의 의의**
                                                 –(으)ㄹ 수 있다
                                                 –(으)ㄹ 것으로 예상되다

126  서울대 한국어⁺ 학문 목적 쓰기

**쓰기 2**

❶ 보고서의 서론을 쓰고 이를 바탕으로 연구 계획서를 써서 발표해 봅시다.

| 연구 계획서의 구성 | 제목과 차례 |
| --- | --- |
| | 서론의 내용<br>(연구의 필요성, 연구의 목적, 연구 내용,<br>연구 방법, 선행 연구 분석) |
| | 예상되는 결과와 의의 |
| | 참고 문헌 |

❷ 자신의 연구 계획서와 다른 학생의 연구 계획서를 다음 기준에 따라 검토해 봅시다.

| 대범주 | 기준 | 평가 |
| --- | --- | --- |
| 연구 주제 | 연구 주제가 명확하고 구체적인가? | |
| | 연구 주제가 기간/분량/연구자의 역량에 적절한가? | |
| | 연구의 필요성이 있는가? | |
| 연구 목적 | 연구 목적은 구체적인가? | |
| 연구 내용 | 연구 주제에 적절한 연구 내용으로 구성되어 있는가? | |
| 연구 방법 | 연구 주제에 적절한 연구 방법을 선정하였는가? | |
| | 연구 절차는 구체적이며 현실적인가? | |
| 조사 도구 | 조사 목적에 맞는 문항으로 구성되어 있는가? | |
| | 설문지의 문항이 명확하고 구체적인가? | |
| | 조사 대상자는 적절한가? | |

**다음 사항에 대해서 평가해 봅시다.**

☐ 현황 및 문제점 등에 대한 뒷받침 자료를 통해 연구의 필요성을 설득력 있게 제시할 수 있다.
☐ 연구의 필요성에 논문의 문제 의식 및 연구 방향을 드러낼 수 있다.
☐ 연구 방법 및 내용에 대해 구체적으로 기술할 수 있다.
☐ 전체적인 연구의 내용이 선명하게 파악될 수 있도록 연구 계획서를 구성할 수 있다.

# UNIT 12 이론적 배경 쓰기

**시사 포럼**

나는 낙태에 반대한다. 한 생명을 죽이는 것은 살인이다. 낙태는 살인 행위다. 뱃속의 아이도 엄연한 생명이므로 보호받아야 한다. 따라서 낙태를 허용하는 현행 법은 재고되어야 한다.

**(까마귀)** 글을 쓴 님의 의도는 알겠는데 정확히 하고 넘어갈 게 있습니다. 태아를 사람이라고 할 수 있습니까? 엄밀히 말하면 뱃속의 태아는 사람이 되기 이전의 생명체라고 볼 수 있는 거지요. 물론 생명은 존중되어야 하지만 사람은 아직 아닌 거 같고요. 그러니까 살인죄도 아닌 것 같습니다.

**(오소리)** 까마귀 님 말씀이 맞습니다. 보완하자면 대한민국 형법에서는 "임산부가 출산을 하기 직전에 일으키는 분만 진통이 있는 때에 사람은 출생"한다고 보고 있어서 진통을 아직 겪지 않은 태아는 사람이라고 보지 않는 거고요, 민법에서도 "태아가 자궁 밖으로 완전히 나온 시기, 탯줄을 자르기 직전의 그 전부 노출 시"를 태아로 봅니다. 그래서 현재 법 제도에서도 낙태죄와 살인죄를 별도로 제시하고 있는 겁니다.

**(제비)** 님, 이미 현재 법에서 '유전적 정신 장애나 전염성 질환, 강간에 의한 임신, 임산부의 건강을 해칠 우려가 있는 경우'만 합법 낙태로 인정하고 있습니다. 그럼 이런 경우에 대해서는 어떻게 보시는 건지요?

**1.** 위 글쓴이의 주장에서 주요 개념을 명확하게 하지 않아 생겨난 문제는 무엇입니까? 주장을 할 때 주요 개념을 명확히 정의해야 하는 이유는 무엇인지 이야기해 봅시다.

**2.** 위 글쓴이의 주장에서 주제에 관해 충분한 자료 조사를 거치지 않아 생겨난 문제는 무엇입니까? 주장을 할 때 관련된 지식 및 기존의 논의를 검토해야 하는 이유는 무엇인지 이야기해 봅시다.

## 개념 개관하기

**1** 다음은 문화 변용에 대한 논문의 이론적 배경 부분입니다. 읽고 질문에 답해 봅시다.

### 2) 모국 문화 친화도

(가) 문화 변용 양상을 살피기 위해서는 앞서 살핀 이주 문화에 대한 적응 정도뿐만 아니라 고유문화에 대한 부분도 고려되어야 한다. 베리(1990)는 문화 변용 유형을 ①모국의 문화적 특성을 유지하는가의 여부와 ②이주 문화의 특성을 수용하는가의 여부를 기준으로 구분하였다. 이러한 베리의 관점을 수용하여 쿠엘라와 아놀드, 말도나도(Cuella, Arnold, & Maldonado, 1995) 또한 문화 변용은 '고유문화를 유지하는 정도'와 '이주 문화를 습득하는 정도'의 두 가지 차원이 존재한다고 보았다. 즉 문화 변용에서 이주 문화에 대한 적응과 함께 이주민들의 고유문화에 대한 '문화적 유지'의 개념인 '민족적 친화도(ethnic affinity)'를 함께 살펴봐야 하는 것이다.

(나) 민족 집단(ethnicity)이란 '문화, 혈통, 언어, 역사, 종교 또는 관습 등을 통해 자신들이 하나의 커뮤니티를 형성하고 있다고 느끼는 사람들'로 정의된다(Riggins, 1992: 1). 대부분의 경우 비슷한 민족 집단이나 유사한 문화적 배경을 가진 사람들끼리는 높은 친화도를 형성하는 경우가 많다. 이러한 개념을 '민족적 친화도(ethnic affinity)'라고 하며, 이는 '그들 본연의 문화에 대해 형성되는 개인적 친화도와 전통적 가치에 대한 애착의 정도'로 정의될 수 있다(Olmedo, 1979: 1069). 본 연구에서는 한국에 체류하고

있는 외국인들을 대상으로 연구를 진행하였으므로 이해를 돕기 위해 '민족적 친화도'라는 용어 대신 국내 체류 외국인들이 그들 본연의 문화에 대해 형성하는 친화도라는 의미로 '모국 문화 친화도'라는 용어를 사용하였다.

(다) 　모국 문화 친화도에 영향을 미치는 대표적인 변인으로는 모국 미디어 사용을 들 수 있다. 많은 문화 간 커뮤니케이션 연구자들은 모국 미디어에의 노출이 이민자들로 하여금 문화적 정체성을 유지하는 데 도움을 준다고 보았다(Chaffee, Nass, & Yang, 1991; Jeffres, 1999; Johnson, 1996; Lee & Tse, 1994). 모국 집단과의 상호 교류 또한 모국 문화 친화도를 높이는 데 영향을 미치는 요인이 될 수 있다. 이는 내부 결속력(internal cohesion)을 높여 주는 역할을 한다. 따라서 모국 집단과의 연결망 속에서의 상호 교류가 높아질수록 모국 문화적 전통은 강해질 것이라 볼 수 있다. 이러한 매스 미디어 사용과 대인 간 상호 교류라는 두 가지 커뮤니케이션 요인은 문화 간 적응(cross-cultural adaptation)에는 부정적 영향을 미친다(Shah, 1991). 또한 모국 언어의 사용과 모국에서의 거주 기간 또한 모국 문화 친화도에 영향을 미치는 요인이다.

조창환·성윤희(2010), 「국내 체류 외국인의 한국문화적응과 모국문화친화도에 영향을 미치는 요인」, 『한국언론학보』, 54(4), 374-397쪽 중에서

1) 이 글의 각 단락에서 다루고 있는 내용을 다음 보기에서 골라 연결해 봅시다.

보기
(a) 모국 문화 친화도의 개념
(b) 모국 문화 친화도에 영향을 미치는 요인
(c) 문화 변용과 민족적 친화도의 관련성

(가) ― (　　　)　　　(나) ― (　　　)　　　(다) ― (　　　)

2) 글을 읽고 다음 물음에 답해 봅시다.

　① 문화 변용 양상을 검토하기 위해 살펴야 하는 두 가지 측면은 무엇입니까?

　② 이 연구에서 '민족적 친화도' 대신 어떤 용어를 사용합니까? 그 이유는 무엇입니까?

　③ '모국 문화 친화도'에 영향을 미치는 요인 네 가지는 무엇입니까?

3) 이 글에 포함된 내용에 체크해 봅시다.

☐ 주요 개념의 정의　　☐ 용어 선정의 이유　　☐ 본 연구의 목적
☐ 선행 연구의 내용　　☐ 선행 연구의 한계

**이론적 배경의 역할 및 구성**
선행 연구를 참조하여 본 연구의 주요 개념 및 이론에 대한 관련 논의를 살피고 정리한다. 이는 향후 연구 내용의 전개에 필요한 이론적 바탕이 된다.

**개념 정의**
핵심 개념에 대한 정의를 내림으로써 논의의 토대를 확보하고 연구 범위를 한정할 수 있다.

**개념 정의 표현**
- 다문화 가정이<u>란</u> 국제결혼으로 형성된 가정<u>을 의미한다</u>.
- 다문화<u>란</u> 복수의 문화, 즉 다양한 문화<u>를 말한다</u>.
- <u>넓은 의미에서</u> 다문화는 다름 가운데 나타나는 차이<u>라고 할 수 있다</u>.
- 최근 논의를 보면 다인종화·다민족화 경향으로 인해 나타나는 문화적 현상의 다양화 현상 전반을 다문화<u>로 인식하는 경향이 있다</u>.

## ❷ 다음 보기 중 적절한 표현을 골라 문장을 완성해 봅시다.

보기: 보다　　근거하다　　하다　　정의하다　　말하다

문화 변용은 일반적으로 '한 개인이 어떠한 다른 문화를 접할 때 그에게 일어나는 문화적 변화와 적응의 과정'(Gibson, 2001: 19) 혹은 '문화적으로 다른 사람들이 새로운 문화에 지속적이고 직접적으로 접촉함에 따라 발생하는 현상'(Redfield, Lintron, & Herskovits, 1936: 149)을 (ㄱ)_____ ㄴ/는다. 주어진 환경에 맞춰 자신을 변화시켜 가는 일련의 과정을 적응이라고 (ㄴ)_____ (으)면(김귀옥, 2000), 문화 변용은 한 개인이 자신이 처하게 되는 문화적 환경과 조화를 이루어 가려는 과정이라 (ㄷ)_____ (으)ㄹ 수 있다. 문화 변용(acculturation)은 특히 미국으로 대표되는 서구의 다인종·다문화 사회에서 소수 민족들이 주류 문화인 백인 문화에 어떻게 융화되는가에 관한 문화 간 커뮤니케이션 연구에 주로 적용되어 왔다(Gordon, 1964; Khairullah, 1995). 본 연구에서는 위에서 살펴본 선행 연구의 정의에 (ㄹ)_____ 아/어 국내 체류 외국인의 문화 변용을 '다른 국가에서 온 외국인이 한국 문화와 모국 문화의 차이를 극복하기 위해 그들의 행동과 한국에 대한 태도를 바꾸어 가는 과정'으로 (ㅁ)_____ 도록 한다.

조창환·성윤희(2010), 「국내 체류 외국인의 한국문화적응과 모국문화친화도에 영향을 미치는 요인」, 『한국언론학보』, 54(4), 374-397쪽 중에서

## 연구 경향 제시하기

**1** 다음은 선행 연구 검토 부분입니다. 읽고 물음에 답해 봅시다.

(가) 문화 변용에 관한 연구는 미국과 같은 다인종·다문화 사회에서 소수 민족들을 그 국가에 통합시키려는 목적으로 이루어지기 시작한 바 있다. 하지만 국내에서는 2000년대 초반까지만 해도 한국인의 외국 적응이나 외국인의 한국 적응에 관한 경험적인 연구는 거의 찾아보기 어려웠다(정진경·양계민, 2004). 국내에

체류하는 외국인이 지속적으로 증가하고 있는 최근에 들어서야 국제결혼 이주 여성, 유학생, 새터민, 이주 노동자 등을 대상으로 한 국내 연구들이 점차 나오고 있다.

(나)  문화 변용에 대한 연구는 크게 이주 문화 적응 현상에 대한 연구와 모국 문화 친화도의 측면에 대한 연구로 나누어 살필 수 있다. 먼저 이주 문화 적응 현상에 대한 연구는 크게 커뮤니케이션 요인에 대한 연구(Kim, 2001; Gudykunst & Kim, 1997; Pool, 1965 등)와 인구 사회학적 배경 요인에 대한 연구(Pool, 1965; Samora & Deane, 1956 등)로 나누어 살펴볼 수 있다. 모국 문화 친화도에 대해서는 모국의 미디어, 모국 집단과의 상호 작용, 모국에서의 거주 기간 등에 대한 연구로 나눌 수 있다.

(다)  이주 국가의 언어 사용 능력이 이주 문화 적응에 영향을 미친다는 연구는 지금까지 많이 이루어져 왔다. 풀(Pool, 1965)의 연구는 외국인 학생들의 영어 사용 능숙도가 미국 사회·문화 적응과 긍정적인 관계를 맺고 있음을 밝혀냈다. 사모라와 딘(Samora & Deane, 1956) 역시 해당 국가의 언어 사용이 이주 문화 적응 정도를 측정할 수 있는 하나의 중요한 지표라고 주장하였다. 이 외에도 파딜라(Padila, 1980)는 해당 국가에서 오래 거주한 이민자일수록 그 나라의 문화와 가치에 쉽게 적응한다고 말하며, 거주 기간이 문화 적응에 긍정적인 영향을 미친다고 주장하였다. 또한 엑스트란드(Ekstrand, 1986)는 거주 기간, 교육, 나이, 수입과 같은 개인적인 특성들 역시 이주 문화 적응에 영향을 미칠 수 있다고 보았다.

---

조창환·성윤희(2010), 「국내 체류 외국인의 한국문화적응과 모국문화친화도에 영향을 미치는 요인」, 『한국언론학보』, 54(4), 374-397쪽 중에서

1) 글을 읽고 다음 중 각 문단에 적절한 설명을 골라 봅시다.

   ① 개별 연구의 결과를 보고하고 있다. — (         ) 문단
   ② 연구 경향을 분류하여 제시하고 있다. — (         ) 문단
   ③ 이 분야 연구의 거시적인 흐름을 소개하고 있다. — (         ) 문단

2) 이 글에서는 여러 연구를 인용하고 있습니다. 이 글에서 해당 연구를 ① 목록화하여 나열한 부분과 ② 연구 내용을 구체적으로 밝힌 부분을 각각 찾아봅시다.

3) 이 글에서 선행 연구는 다음 보기 중 어떤 기준에 따라 제시되고 있습니까?

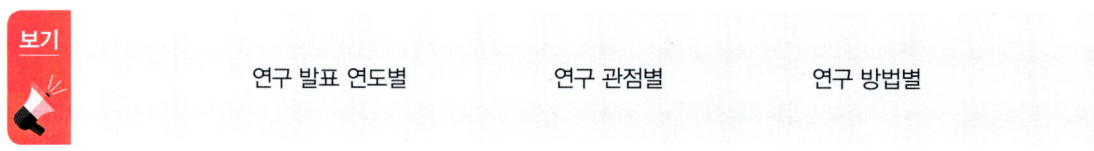

연구 발표 연도별          연구 관점별          연구 방법별

 참고

**선행 연구 정리의 구성**
- 관련 연구의 연원 및 흐름
- 연구 경향 및 최근 연구 관심사
- 개별 연구의 방법과 결과

**연구 경향 제시 표현**
- 지금까지의 관련 연구는 <u>크게</u> 세 가지<u>로 나누어 살펴볼 수 있다</u>.
- 이주민 자녀 적응에 대한 연구는 이민으로 형성된 국가에서의 적응에 대한 논의들이 <u>주를 이루어 왔다</u>.
- 하지만 지금까지 구체적인 학습자 자료를 살핀 연구<u>는 드문 편이다</u>.
- 특히 아버지-자녀 관계의 질적 특성이 자녀에게 미칠 수 있는 영향에 대해서는 <u>구체적으로 다루어지지 않았다</u>.
- 어머니의 적응에 대한 연구는 상당히 <u>다양하게 이루어져 온 반면</u>, 자녀의 한국 문화 적응 자체에 대해서는 <u>상대적으로 적은 관심을 기울여 왔음을 알 수 있다</u>.

② 다음 보기의 표현 중 적절한 것을 골라 문장을 완성해 봅시다.

들다          있다          나누다          수행되다          거두다

1) 학술적 텍스트 분석을 기반으로 쓰기 교육 방안을 모색한 연구로 용재은(2004), 이원구(2005), 목계연(2008), 김정남(2008) 등을 _____ 수 있다.

2) 학문 목적 한국어를 위한 특화된 교육 과정 및 교수법을 마련해야 한다고 주장한 연구로 김정숙(2000), 김인규(2003), 이해영(2001) 등이 _____.

3) 유학 중인 외국인 학생들의 한국어 의사소통 능력을 신장시키는 교육 방안에 대해서는 다양한 연구가 _____ 바 있다.

4) 학문 목적 한국어 교육의 각 하위 영역에서의 연구가 활발히 진행되었는데, 그중에도 쓰기 교육 분야의 연구에서는 눈에 띄는 연구 성과를 _____.

5) 이 분야에 대한 연구는 크게 세 가지로 _____ 살펴볼 수 있다.

## 선행 연구 요약 및 평가하기

**1** 다음 글은 외국인 유학생의 문화 적응에 대한 논문에서 선행 연구 검토 부분입니다. 읽고 질문에 답해 봅시다.

(가) 선행 연구에 따르면, 비원어민 유학생의 경우 외국인 유학생의 학문 공동체 참여와 사회화 관련 연구에서는 주로 영어를 목표 언어로 공부하는 유학생을 대상으로 연구가 축적되어 왔다. 특히 영어 교육 분야에서 아시아 학생들의 '침묵'에 주목한 연구들이 많은데(ⓐ Duff, 2002; Hodne, 1997; Jones, 1999 등), 이들의 침묵은 연구자의 관점에서 수동적인 참여의 형태로 해석되곤 했다. 그러나 연구가 다양해지면서 이러한 침묵이 단순히 비참여

의 지표가 아닌, 부적절한 교수법, 문화 차이, 정체성의 변화, 권력 관계, 개인의 전략 등 보다 다양한 변인의 개입되어 나타나는 양상으로 이해되고 있다. 대표적으로 ⓑ Leki(2001)는 비원어민 아시아계 유학생이 교실의 '소집단 활동'에서 어떻게 원어민 학생과 협력하는지 이해하고자 하였다. 비원어민 대학(원)생은 소집단 활동과 토론이 자신의 권력과 통제의 부재를 민감하게 상기시키는 역할을 했다고 진술했다. 특히 교수자의 구체적인 지침이 결여된 곳은 학생들 사이에 자유로운 상호 작용이 유도되기보다 비원어민 학생의 참여나 공헌이 더욱 제한되고 있음을 알 수 있었다.

(나) 그러나 이러한 제한이 존재함에도 불구하고 비원어민 유학생들이 유학 생활 가운데 수동적으로만 동화되는 것은 아니다. ⓒ Morita(2009)에서 캐나다 대학의 박사 과정에 있는 일본인 남학생은 일본과 다른 소속 대학의 교육 문화, 지역 학문, 학과의 제도와 관행, 교실 문화가 서로 충돌하는 것을 경험한다. 그러나 Morita(2009)에 따르면 이러한 차이는 그에게 다중적 가치와 학술적 실행력을 재구성하는 데 긍정적인 영향으로 작용하고 있었다. 이와 같이 유학생들은 주체성을 발휘하고 공동체 내부에서 자신의 역할에 대해 적극적으로 협상하면서 유학 생활을 하고 있었던 것이다.

박성원·신동일(2014), 「외국인 유학생의 학문공동체 참여에 관한 내러티브 연구」, 『교육인류학연구』, 17(1), 103-158쪽에서 변형

1) 밑줄 친 연구들은 어떤 연구인지 전후에 기술된 내용을 토대로 파악해 봅시다.

ⓐ:

ⓑ:

ⓒ:

2) 다음 빈칸을 적절한 내용으로 채워 넣어 글의 중심 내용을 요약해 봅시다.

> 지금까지 외국인 유학생에 대한 연구는 _____ 중심으로 이루어졌다. 특히 '침묵'에 대한 연구가 많은데 '침묵'은 _____ 밝혀졌다. 구체적으로 소집단 활동에 대한 연구에서는 _____ 이/가 나타났다.
> 
> 한편 외국인 유학생들은 _____. Morita(2009)에 따르면 _____ 고 있었다.

참고

**선행 연구 요약 및 평가 표현**
- Rumbat(1997)를 위시한 일련의 연구에서는 가족 응집성이 이민자 가정 아동의 적응을 돕는 매우 중요한 요인<u>임을 밝혔다</u>.
- 기존의 연구들은 낮은 학업 성취가 주류 문화와 비교해 결핍된 가정 문화에서 기인한 것으로 <u>설명하였다</u>. 즉 부모가 학업에 필요한 문화적 관습이나 양육 기술을 갖고 있지 않기 때문에 아동의 학업 성취가 낮게 나타난다<u>는 것이다</u>.
- 사회적 구성주의를 바탕으로 한 연구<u>로는 최은지(2009)를 참고할 수 있다</u>.
- 매클루언(2002)은 매체에 담긴 내용 이상으로 매체 자체가 중요하다고 본 <u>대표적인 논의이다</u>.
- 이러한 이론들은 지배 집단의 관점에서 소수 집단의 행위 양상을 평가해 왔<u>다는 점에서 의의가 있다</u>.
- 이는 현재 다문화 가정 관련 연구가 갖고 있는 <u>중요한 제한점이 될 수 있다</u>.
- 그동안 수행된 연구에서는 부모 관련 변인이 교육 수준이나 언어 능력<u>에만 국한되고 있다는 점도 아쉽다</u>.

❷ 다음 보기의 표현 중 적절한 것을 골라 문장을 완성해 봅시다.

| 보기 | | | | |
|---|---|---|---|---|
| | 있다 | 남다 | 어렵다 | 주목하다 |

1) 이 연구는 시험 답안 작성하기를 하나의 학습 기술로 포함시켰다는 점에서 _____ 만하다.
2) 윤경숙(2007)은 '시험 답안 작성하기'를 독립된 과제로 다루었으며, 이를 개념 정의 중심의 단답형과 서술형 두 유형으로 나누어 교육 내용에 포함시켰다는 점에서 의의가 _____.
3) 다만 구체적인 교육 방안을 제시하지 않았다는 점이 개선되어야 할 부분으로 _____.
4) 이 연구는 설명적 텍스트의 하나로 시험 답안을 다룰 뿐, 이를 하나의 유형으로 보고 그 특성을 연구한 것으로 보기는 _____.

## 쓰기 1

**1** 다음 자료를 토대로 이론적 배경 부분을 써 봅시다.

개념에 대하여 정의를 내리고 사례를 들어 설명하고 선행 연구 경향을 제시한 뒤, 주요 선행 연구의 성과 및 한계에 대해서 기술해 봅시다.

| 자료 | | |
|---|---|---|
| | 다문화 가정 자녀의 개념 | 다문화 가정<br>• 다른 국적 간 결혼으로 가정을 이룸.<br>• 다른 문화가 가정 안에서 공존함.<br>다문화 가정 자녀<br>• 국제결혼 가정의 자녀<br>• 외국인 이주 노동자 가정의 자녀<br>• 새터민 가정의 자녀 |
| | 다문화 가정 자녀에 대한 연구 경향 | • 학습 능력의 변인으로서 언어 능력에 초점을 둔 연구<br>• 자아 존중감 변인에 주목한 연구<br>• 문화 적응 요인에 주목학 연구 |
| | 주요 선행 연구 | Park(2010)<br>국내에서 부모 관계와 자녀의 자아 존중감의 관계를 살핀 연구<br>• 의의: 다문화 가정 아동의 가족 관계와 자아 존중감 사이에 유의미한 정적 상관관계가 있음을 밝힘.<br>• 한계: 부모와 갖는 관계의 질적 특성이 미치는 영향에 대해서 구체적으로 다루지 않음. |

_____(이)란 _____(이)라고 할 수 있다.
구체적으로 _____
_____.
_____
_____ 에 대한 주요 선행 연구는 크게 _____
_____. 먼저
_____. 두 번째는 _____
_____. 세 번째는 _____
_____
_____. (중략)
_____ 은/는 _____.
_____
_____.

**정의**
• 예를 들면 –이/가 있다
• (이)라고 할 수 있다
• 이/가 대표적이다
• 을/를 말한다
• 이/가 포함된다

**거시적인 분류**
• (으)로 나누다 / 살펴볼 수 있다

**연구 소개 및 평가**
• 을/를 주목할 만하다
• –다/라는 의의가 있다

**쓰기 2**

❶ 내 보고서에서 정의가 필요한 개념에 대해 정의를 내려 봅시다.

1) 내 보고서에서 정의가 필요한 개념에는 무엇이 있습니까?

2) 이 개념에 대해 기존 문헌에서는 어떻게 정의를 내리고 있는지 조사해 보고, 기존의 정의를 보완하여 나만의 정의를 만들어 봅시다.

| 개념 | |
|---|---|
| 기존의 정의 | |
| 나의 정의 | |

❷ 내 보고서의 주제와 관련된 연구 경향에 대해서 써 봅시다.

1) 거시적 흐름을 살펴봅시다.

2) 주요 선행 연구의 특징과 한계에 대해서 써 봅시다. 다음을 생각하며 메모해 봅시다.

- 무엇에 대한 연구인가?
- 연구 방법, 연구 대상, 조사 방법, 조사 대상 등에 있어 특이한 점이 있는가?
- 이 연구에 대해서 아쉬운 점이 있다면 무엇인가?

---

**자기 평가**

다음 사항에 대해서 평가해 봅시다.

☐ 중요 개념을 적절하게 정의할 수 있다.
☐ 선행 연구의 거시적인 경향을 제시할 수 있다.
☐ 보고서의 논의와 관련된 선행 연구의 결과를 제시하고 평가할 수 있다.
☐ 선행 연구의 경향, 성과, 한계에 대해 논리적으로 설명할 수 있다.

12. 이론적 배경 쓰기

# UNIT 13 연구 방법·결과 쓰기

### 좋은 소음도 있다?
### 백색 소음 효과에 대한 실험

   백색 소음(white noise)은 비오는 소리, 폭포수 소리, 파도치는 소리, 시냇물 소리, 나뭇가지가 바람에 스치는 소리 등을 말한다. 이들 소리는 일반 소음과는 달리 오히려 인간에게 안정감을 주고 업무나 공부의 효율을 높인다는 실험 결과가 있다.

**가 실험**
- 방법: 남녀 학생을 대상으로 일상적인 상태와 백색 소음을 들려 주었을 때 각각 전혀 새로운 영어 단어를 5분간 암기하도록 했다.
- 결과: 평소에 비해 학업 성취도가 크게 개선되었다.

**나 실험**
- 방법: 사무실에서 백색 소음을 평상시 주변 소음에 비해 높게 들려 주다가 나중에는 백색 소음을 꺼 버렸다.
- 결과: 백색 소음을 들려 주었을 때 근무 중 잡담이나 불필요한 신체의 움직임이 현저하게 줄어들었다. 백색 소음을 껐을 때는 서로들 심심해 하면서 업무의 집중도가 크게 떨어졌다. 즉 백색 소음이 없는 것보다 어느 정도 있는 것이 업무의 효율성을 증대시켰다.

'KISTI의 과학향기'에서 참고하여 작성
(http://scent.ndsl.kr/sctColDetail.do?seq=4853

1. 이 글을 읽고 각 실험 방법을 충분히 파악할 수 있습니까? 그렇지 않다면 실험 방법 및 결과에 대해서 어떤 정보를 더 기술해야 할지 이야기해 봅시다.

2. 논문에 조사 방법 및 결과가 명확히 제시되지 않으면 어떤 문제가 생길지 이야기해 봅시다.

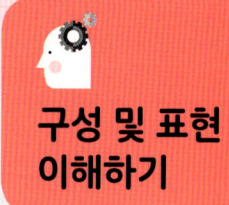

## 💡 연구 방법의 구성 이해하기

**1** 다음은 다문화 가정 자녀의 학교생활에 대한 논문의 연구 방법 부분입니다. 읽고 질문에 답해 봅시다.

> 다문화 가정 자녀의 학업 수행 실태를 파악하기 위한 주요 연구 방법으로 참여 관찰과 심층 면담을 통한 질적 조사 방법을 사용하였다. 교실 생활 참관 및 면담을 통해서 다문화 가정 학생들의 수업 과정, 생활 모습, 상호 작용 과정 등 학교의 일상생활을 전체적으로 파악할 수 있기 때문이다. 학교생활 참관을 위해 한 학급에서 5일 이상 관찰하는 것을 목표로 하였지만, 외부자의 교실 참관이 자연스러운 관행이 아니기에 참관자에게 교실을 열어 주는 것이 쉽지 않았다. 이러한 상황에서 담당 교사와 협의하에 한 학급에 대하여 최소 2일에서 7일까지 참관을 하였다. 이와 함께 담당 교사 및 교장, 교감과의 면담을 통해 일선 학교 현장에서 다문화 가정 자녀를 어떻게 받아들이고 있으며 이들과 어떻게 상호 작용을 하고 있는지에 대해 파악하고자 하였다. 또한 다문화 가정 자녀의 학교생활의 어려움, 교육 지원의 어려움 및 지원 사항 등을 알아보기 위해 학부모 및 관련 지원 센터 담당자들과의 심층 면담을 시도하였다.
>
> 연구 대상으로는 서울의 1개 초등학교, 인천의 1개 초등학교, 전북의 2개 초등학교가 선정되었으며, 추가로 방과 후 프로그램을 운영하는 외국인 근로자 지원 센터를 방문하여 연구 자료를 수집하였다. 서울 지역에서는 이주 노동자 자녀의 학교생활 실태를 중심으로 살펴보고자 하였으며, 전북 지역에서는 농촌 지역 결혼 이주 여성 자녀의 학교생활 실태, 인천 지역에서는 점차 확산되고 있는 다양한 경로의 국제결혼을 통해 이루어진 가정에서의 자녀의 학교생활 실태를 중심으로 살펴보고자 하였다.

자료 분석에는 교실 참여 관찰 기록지와 심층 면담을 전사한 자료가 주로 이용되었다. 자료 분석을 위해서는 먼저 수집된 자료에서 여러 가지 카테고리를 중심으로 자료들을 유목화하였다. 그 결과 여러 차원으로 부각되는 중요한 카테고리를 중심으로 자료들을 재정리해 가는 방식을 따랐다. 원자료를 중심으로 초기에는 자료 자체의 특성에 따라 코딩을 하고, 후기에는 연구진의 분석 틀을 가지고 재코딩 및 분석을 시도하였다(조용환, 1999).

조혜영·서덕희·권순희(2008), 「다문화가정 자녀의 학업수행에 관한 문화기술적 연구」, 『교육사회학연구』, 18(2), 105-134쪽 중에서

1) 이 글의 연구 방법을 시간 순서로 설명해 봅시다.

- 어떤 연구 방법을 사용하였는가?
- 누구를 대상으로 조사하였는가? 각 대상별 특징은 무엇이었는가?
- 구체적으로 조사는 어느 정도의 기간에 걸쳐서 어떻게 이루어졌는가?
- 이후 추가로 수집한 자료는 무엇인가?
- 연구 결과는 어떤 방법을 통해서 분석되었는가?

2) 이 글에 포함된 내용에 체크해 봅시다.

☐ 조사 대상    ☐ 사용한 연구 방법    ☐ 연구 절차에서의 어려움
☐ 연구 방법을 선택한 이유    ☐ 분석 자료    ☐ 자료 분석 방식

**참고**

**연구 방법 기술**
자료 수집을 위해 사용한 모든 절차를 기술한다. 연구 참여자 또는 연구 대상, 연구 도구, 연구 절차, 자료 처리 방법에 대해서 기술한다.

## 연구 대상의 속성 밝히기

**1** 다음은 한국 문화 적응과 모국 문화 친화도를 살피고자 하는 논문에서 설문 응답자의 인구 통계학적 특성을 밝힌 부분입니다. 읽고 질문에 답해 봅시다.

인구 통계학적 특성은 성별, 연령, 종교, 결혼 여부, 거주 환경, 경제 수준, 학력 수준, 한국어 수준, 체류 기간, 민족 유형 등 열 가지를 알아보았다. 오른쪽 [표 1]에 나타난 바와 같이, 총 응답자 275명 중에서 남성 39.0%, 여성 61.0%의 비율이었으며, 평균 연령은 23.27세($sd$=5.34)로 나타났다. ······

한국 체류 기간은 1년 이상~2년 이하가 46.5%로 가장 많았고, 6개월~1년이 24%, 6개월 이하가 21.4%, 3년 이상이 8.0%의 비율을 보였다. 민족 유형은 중국 51.6%, 몽골 20.3%, 일본 10.1%, 필리핀 7.6%, 파키스탄 5.8%, 인도네시아 4.3%의 비율로 분포되어 있었다.

나임순(2006), 「외국인 유학생의 문화적응 스트레스와 생활 스트레스에 미치는 영향」, 『한국비영리연구』, 5(2),159-197쪽 중에서

[표 1]

| 변수 | 응답 범주 | 빈도(명) | 백분율(%) | 계 |
|---|---|---|---|---|
| 성별 | 남자<br>여자 | 107<br>168 | 39.0<br>61.0 | 275<br>(100.0) |
| 연령 | 평균: 23.27<br>$sd$=5.34<br>최솟값: 18, 최댓값:31 | 275 | 100 | 275<br>(100.0) |
| 종교 | 기독교<br>천주교<br>불교<br>무교<br>회교<br>기타 | 25<br>15<br>3<br>193<br>20<br>19 | 9.0<br>5.4<br>1.1<br>70.1<br>7.2<br>6.9 | 275<br>(100.0) |
| 결혼 여부 | 미혼<br>기혼 | 285<br>17 | 93.8<br>6.2 | 275<br>(100.0) |
| 거주 환경 | 전세<br>월세<br>기숙사<br>기타 | 22<br>80<br>134<br>20 | 8.0<br>29.0<br>48.4<br>7.2 | 275<br>(100.0) |
| 경제 수준 | 상<br>중<br>하 | 41<br>157<br>77 | 15.0<br>57.0<br>28.0 | 275<br>(100.0) |
| 학력 수준 | 어학 연수<br>대학<br>석사 과정<br>박사 과정 | 55<br>167<br>51<br>2 | 20.0<br>60.7<br>18.5<br>0.7 | 275<br>(100.0) |
| 한국어 수준 | 상<br>중<br>하 | 26<br>137<br>112 | 9.4<br>47.0<br>40.7 | 275<br>(100.0) |
| 체류 기간 | 6개월 이하<br>6개월~1년<br>1년 이상~2년 이하<br>3년 이상 | 59<br>55<br>128<br>22 | 21.4<br>24.0<br>46.5<br>8.0 | 275<br>(100.0) |
| 민족 유형 | 중국<br>몽골<br>일본<br>필리핀<br>파키스탄<br>인도네시아 | 142<br>56<br>28<br>21<br>16<br>12 | 51.6<br>20.3<br>10.1<br>7.6<br>5.8<br>4.3 | 275<br>(100.0) |

($n$=275)

1) 다음 중 앞 글의 내용과 비교해서 맞는 것에 O표, 틀린 것에 X표 해 봅시다.

    (1) 대부분의 응답자가 아직 결혼하지 않은 것으로 나타났다. ( )

    (2) 월세로 사는 사람들이 전세로 사는 사람들보다 높은 분포를 보였다. ( )

    (3) 한국에서 산 기간에 대해서 3년 이상이라고 응답한 사람의 비율이 반 이상이었다. ( )

    (4) 학력에서는 어학 연수 과정에 있는 사람, 석사 과정에 있는 사람 순으로 많았다. ( )


2) [표 1]의 제목으로 적절한 것은 무엇입니까?

    (1) 응답자의 한국 문화 적응도

    (2) 응답자의 인구 통계학적 특성

    (3) 응답자의 한국 생활 양상

    (4) 응답자의 모국 문화 친화도


3) 여기서 기술하고 있는 설문 응답자의 특성 열 가지는 본 연구에서 살피고자 하는 한국 문화 적응, 모국 문화 친화도와 어떤 관계가 있을지 예측해 봅시다. 또 어떤 요소가 많이, 또는 적게 영향을 미칠지 이야기해 봅시다.

**2** 다음 보기의 표현 중 적절한 것을 사용하여 [표 1]에 대한 설명을 완성해 봅시다.

| 보기 | 차지하다 | 응답하다 | 분포를 보이다 | 나타나다 |

이들 중 70.1%가 무교라고 (ㄱ)_____, 종교가 있다고 응답한 사람 중에서는 기독교 9.0%, 회교 7.2%, 천주교 5.4% 순으로 (ㄴ)_____. 결혼 여부는 미혼이 93.8%로 대다수를 (ㄷ)_____. 거주 환경은 기숙사 48.4%, 월세 29%, 전세 8%의 순이었고, 경제 수준은 상 15%, 중 57%, 하 28%로 나타났다. 학력 수준은 어학 연수 20%, 대학 60.7%, 석사 과정 18.5%, 박사 과정 0.7%의 (ㄹ)_____.

나임순(2006), 「외국인 유학생의 문화적응 스트레스와 생활 스트레스에 미치는 영향」, 『한국비영리연구』, 5(2), 159-197쪽 중에서

참고

### 연구 결과 제시

**표 제목**
보고서에 삽입되는 모든 표·도표에는 보통 [표 1]과 같이 번호와 함께 내용을 쉽게 이해할 수 있도록 제목을 붙인다.

- [표 1] 다문화 정책 사업별 <u>사업 수 및 예산 현황</u>
- [표 2] 다문화 정책에 대한 전반적 <u>만족도</u>
- [표 3] 국가 이미지 및 태도와 구매 의도<u>의 상호 관계</u>

**표 설명 표현**
- <u>[표 2]에서 보듯이</u>, 문화 적응 스트레스의 평균은 5점 척도에 표준화시킨 평균값 3.23으로 나타났다.
- 일반적 특성에 따른 문화 적응 스트레스의 차이를 살펴본 결과는 <u>[표 4]와 같다</u>.
- 아시아 학생 집단을 준거 집단으로 한 다중 회귀 분석을 실시한 결과는 <u>[표 5]에 제시되어 있다</u>.

## 연구 결과 제시하기

**1** 다음 글을 읽고 질문에 답해 봅시다.

### 2) 한국 문화 적응과 모국 문화 친화도에 영향을 미치는 요인

(가) 먼저 한국 문화 적응의 경우, 살펴본 다섯 가지의 모든 요인이 한국 문화 적응과 정적 상관 관계를 맺고 있는 것을 보여 준다. 구체적으로 살펴보면, 한국인과 보다 많은 상호 교류를 경험한 국내 체류 외국인일수록 한국 문화 적응 정도가 높게 나타났다($r=.44, p<.01$). 한국 미디어를 보다 많이 사용하는 국내 체류 외국인일수록 한국 문화 적응 정도가 높았고($r=.17, p<.01$), 보다 많은 한국어 사용이 높은 한국 문화 적응을 야기하였으며($r=.23, p<.01$), 한국 거주 기간($r=.18, p<.01$)과 한국에서의 교육 기간($r=.13, p<.05$)이 길수록 한국 문화 적응이 높아지는 것으로 나타났다. 한국 문화 적응에 영향을 미치는 요인들의 상대적인 중요성을 살펴본 결과, 가장 큰 영향력을 미치는 요인은 한국인과의 상호 교류였으며, 그다음이 한국어 사용, 한국에서의 거주 기간, 한국 미디어 사용, 한국에서의 교육 기간 순으로 나타났다.

(나) 그다음으로 모국 문화 친화도의 경우, 살펴본 요인 중 모국인과의 상호 교류, 모국 미디어 사용, 모국어 사용 정도만이 모국 문화 친화도에 영향을 미치는 것으로 나타났다. 즉 같은 민족 집단에 속한 사람과의 교류가 많을수록 모국 문화 친화도에 긍정적인 영향을 미치는 것으로 나타났으며($r=.28, p<.01$), 보다 많은 모국 미디어의 사용이 높은 모국 문화 친화도를 이끌어냈다($r=.23,

$p<.01$). 또한 모국어의 사용 역시 모국 문화 친화도에 긍정적인 영향을 미친 것으로 드러났다($r=.16$, $p<.01$). 하지만 모국에서의 거주 기간과 모국에서의 교육 정도가 모국 문화 친화도에 미치는 영향은 통계적으로 유의미하지 않은 것으로 나타났다($p>.05$). 이를 바탕으로 모국 문화 친화도에 영향을 미치는 요인들의 상대적인 중요성을 살펴본 결과, 가장 큰 영향을 미치는 요인은 한국 문화 적응과 마찬가지로 같은 민족 집단에 속한 사람과의 상호 교류였으며, 그다음이 모국 미디어 사용, 모국어 사용 순으로 나타났다.

### 3) 한국 문화 적응과 모국 문화 친화도 간의 관계

**(다)**

한국 문화 적응과 모국 문화 친화도 간의 관계를 검증한 결과, 한국 문화 적응이 모국 문화 친화도에 미치는 영향은 통계적으로 유의미하게 나타났으나($r=-.16$, $p<.01$), 모국 문화 친화도가 한국 문화 적응에 미치는 영향의 경우에는 통계적으로 유의미하지 않았다($p>.05$)..

조창환·성윤희(2010), 「국내 체류 외국인의 한국문화적응과 모국문화친화도에 영향을 미치는 요인」, 『한국언론학보』, 54(4), 374-397쪽 중에서

---

**참고**

**통계 결과 보고에서 '통계적 유의미성'의 판정**

- 상관 관계: 두 변수 간의 관계를 수치로 나타낸다. 정적 상관 관계는 두 변수의 값이 동일한 움직임을 보이고 (즉 한 변수가 증가(또는 감소)할수록 다른 변수의 값도 증가(또는 감소)하는 관계, 상관 계수 $r$이 0보다 크고 1보다 작음). 부적 상관 관계는 반대로 반대의 움직임을 보이는 관계이다($r$값이 -1보다 크고 0보다 작음).
- 유의 수준 $p$: $p$는 통계값의 '통계적 유의미성'을 나타내는 확률값이다. 위 글에서는 $p$가 0.05보다 작으면 통계적으로 유의미하고, 0.05보다 크면 통계적으로 유의미하지 않다고 판정할 수 있다.

1) 한국 문화 적응에 영향을 미치는 것으로 나타난 요인은 무엇입니까? 영향력이 큰 요인 순으로 나열해 봅시다.

① ② ③ ④ ⑤

2) 모국 문화 친화도의 경우 영향을 미치는 것으로 나타난 요인은 무엇입니까? 영향력이 큰 요인 순으로 나열해 봅시다.

① ② ③

3) 한국 문화 적응과 모국 문화 친화도의 관계는 어떻습니까? 무엇이 무엇에 영향을 주는 관계입니까?

**2** 앞 글의 내용을 읽고 그 결과를 요약적으로 제시하고자 합니다. 다음 보기와 같이 적절한 표현을 사용하여 문장을 완성해 봅시다.

> **보기**
> 미디어의 사용은 한국 문화 적응 정도에 <u>비교적 크게</u> 영향을 미치는 요소이다.

1) 한국에서의 교육 기간은 한국 문화 적응의 요인 중 _____ 영향력을 보인다.

2) 모국에서의 거주 기간이 모국 문화 친화도에 미치는 영향은 통계적으로 _____.

3) 한국어를 많이 사용할수록 한국 사회에 대한 적응도가 _____.

**3** 다음은 한국의 장소 인식에 대한 세대 간 차이에 대한 논문의 결과 부분 중 일부입니다. 빈칸 앞뒤의 내용을 참조하여 보기 중 적절한 표현을 골라 결과를 비교·대조하는 문장을 완성하여 봅시다.

| 보기  | 상이하다 | 동일하다 | 간의 차이가 적다 | –(으)ㄴ 반면 |

첫째, 세대 간 다른 경험적 기억으로 인해 세대 간 <u>상이한</u> 대표 장소 인식이 형성되었다. 20대에서는 경복궁을 가장 대표적 장소라고 응답 (ㄱ)_____, 60대의 경우는 숭례문을 대표적인 장소로 선정했다. 그 근거로는 대부분 방문 경험을 들어, 다른 경험이 이러한 차이를 낳았음을 알 수 있었다.

둘째, 유사한 문화적 기억의 공유로 인해 세대 간 유사한 가치 장소 인식이 형성되었다. 가치 장소를 인식하는 데에는 문화적 기억이 영향을 미치므로 세대 (ㄴ)_____. 20대와 60대 모두 가치 장소로 경복궁을 선택하였는데, 그 이유로 두 세대 모두 (ㄷ)_____게 '역사적으로 의미가 있어서'라고 응답하였다.

나임순(2006), 「외국인 유학생의 문화적응 스트레스와 생활 스트레스에 미치는 영향」,<br>『한국비영리연구』, 5(2), 159-197쪽 중에서

## 쓰기 1

❶ 다음 도표를 참조하여 '외국인의 한국 관광 현황'에 대해 보고하는 글을 써 봅시다.

**외국인 관광객 천만 시대의 과제**

|  | 2008 | 2009 | 2010 | 2011 |
|---|---|---|---|---|
| 재방문율(%) | 41.8 | 43.7 | 41.9 | 39.1 |
| 체류 기간(일) | 7.4 | 6.5 | 7.2 | 7.5 |
| 1인당 소비 금액($) | 1410 | 1163 | 1144 | 1250 |
| 여행 만족도(5점 만점) | 4.09 | 4.12 | 4.14 | 4.02 |

**주요 국가 외국인 관광객 현황** (단위: 명) 2011년 기준  자료: 세계관광기구

| 프랑스 | 미국 | 중국 | 스페인 | 이탈리아 | 터키 | 태국 | 싱가포르 | 한국 |
|---|---|---|---|---|---|---|---|---|
| 7950만 | 6232만 | 5758만 | 5569만 | 4619만 | 2934만 | 1909만 | 1039만 | 979만 |

**한국 여행 중 방문지**

| ❶ 명동 | 53.5 |
| ❷ 동대문시장 | 45.3 |
| ❸ 남대문시장 | 36.5 |
| ❹ 경복궁 등 고궁 | 35.3 |
| ❺ 남산 | 29.0 |
| ❻ 인사동 | 25.7 |
| ❼ 주요 박물관 | 24.3 |
| ❽ 롯데월드 | 20.3 |
| ❾ 인천 | 17.6 |
| ❿ 이태원 | 16.8 |
| ⓫ 청계천 | 15.9 |
| ⓬ 부산 | 15.7 |

**방문 기간 중 활동**

| ❶ 쇼핑 | 60.9 |
| ❷ 관광지 방문 | 52.9 |
| ❸ 식도락 관광 | 38.5 |
| ❹ 업무 수행 | 21.3 |
| ❺ 회의 참가 | 8.4 |
| ❻ 휴양 | 8.0 |
| ❼ 유흥 및 오락 | 8.0 |
| ❽ 테마파크 | 7.9 |
| ❾ 미용 관광 | 7.9 |
| ❿ 연수/교육/연구 | 6.8 |
| ⓫ 전통문화 체험 | 5.9 |
| ⓬ 공연, 축제 | 5.4 |
| ⓭ 산업시설 방문 | 4.0 |
| ⓮ 카지노 | 3.8 |
| ⓯ 온천, 스파 | 3.8 |
| ⓰ 스포츠 활동 | 3.4 |
| ⓱ 레포츠 활동 | 1.5 |
| ⓲ 치료 | 0.6 |
| ⓳ 직업적 스포츠 | 0.5 |
| ⓴ 기타 | 0.2 |

한국관광공사 통계 자료, 『2010년 외래관광객 실태조사』
(http://kto.visitkorea.or.kr/kor/notice/data/statis/tstatus/forstatus.kto) 참고

---

외국인 관광객 현황을 살펴보면 한국은 _____

_____. 관광객이 가장 많은 나라는 _____

_____.

한국을 방문하는 외국인 관광객들의 재방문율은 _____,
체류 기간은 _____, 1인당 소비 금액은
_____, 여행 만족도는 _____.
위 자료에 따르면 _____ 것으로 나타난다.
_____ 을/를 살펴보면 _____ 고 있다.
즉 _____ 인 것이다.

**자료에 나타난 현상**
이/가 나타난다
것으로 나타난다
을/를 알 수 있다
이/가 드러난다

**쓰기 2**

❶ 연구 참여자들의 인구 통계학적 정보를 제시해 봅시다.

• 연구 목적에 직접적으로 관련되는 특성과 간접적으로 관련되는 특성을 추려 정리해 봅시다.

❷ 조사 결과를 중요한 내용을 중심으로 객관적으로 기술하여 봅시다.

❸ 보고서에 필요한 표나 도표를 작성하고 적절한 제목을 붙여 봅시다. 또 이에 대해 설명하는 문단을 써 봅시다.

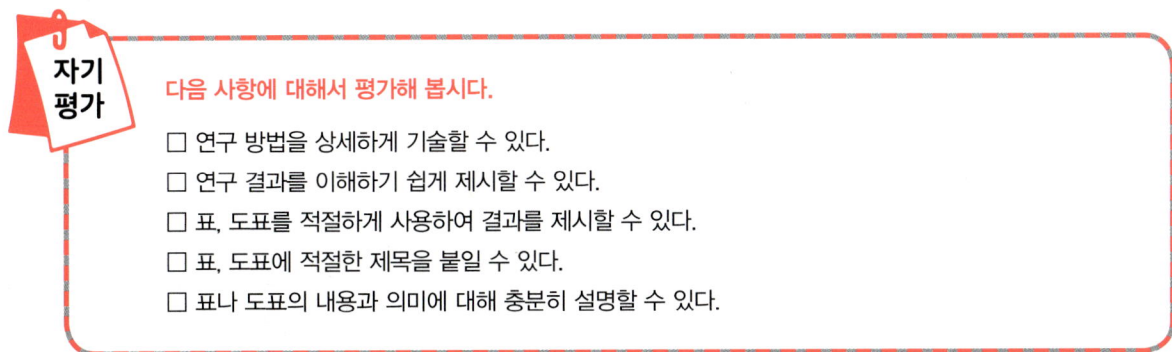

**자기 평가**

다음 사항에 대해서 평가해 봅시다.
- ☐ 연구 방법을 상세하게 기술할 수 있다.
- ☐ 연구 결과를 이해하기 쉽게 제시할 수 있다.
- ☐ 표, 도표를 적절하게 사용하여 결과를 제시할 수 있다.
- ☐ 표, 도표에 적절한 제목을 붙일 수 있다.
- ☐ 표나 도표의 내용과 의미에 대해 충분히 설명할 수 있다.

# UNIT 14 논의 · 제안 쓰기

### 청년 10명 중 6명, 3년 내 첫 직장 관둔다

신규 취업자 2011명 추적 조사,
3년 이상 유지는 37%에 그쳐

취업 후 3년 동안 처음의 직장을 유지하는 청년은 10명 중 4명도 안 되는 것으로 나타났다. 한국고용정보원의 『고용패널브리프』 2014년 12월호에 따르면, 고용정보원이 신규 취업한 청년 2,011명을 추적 조사한 결과 취업 이후 3년간 첫 직장을 유지한 청년은 전체의 36.9%에 그쳤다. 나머지 63.1%는 이직이나 실직을 경험한 것으로 나타나 청년층의 노동 시장 진입 후 초기 이동이 빈번한 것으로 분석됐다.

청년층은 취업 1년 차에 가장 많이 이직하다가(23.2%) 2, 3년 차에서는 이직 비율이 15% 수준으로 떨어졌다. 반면 실직하는 청년은 1년 차(12.1%)에서 3년 차(14.2%)로 시간이 지날수록 증가하는 양상을 보였다.

『세계일보』 2015년 1월 5일 자 기사 중에서
http://www.segye.com/content/html/2015/01/05/20150105003987.html

1. 이 글 뒤에 어떤 내용이 나올 수 있을지 생각해 봅시다.

2. 논문에서 결과만을 제시하고 현상에 대한 해석, 이유, 대안 등이 충분히 제시되지 않았을 때 어떤 문제가 생기는지 이야기해 봅시다.

## 연구 결과 해석·논의하기

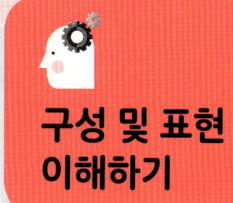
구성 및 표현
이해하기

**1** 다음은 외국인 유학생의 한국 문화 적응에 대한 논문의 결과 부분입니다. 읽고 질문에 답해 봅시다.

(가)

한국 문화 적응에 영향을 미치는 변인들을 살펴본 결과, 한국인과의 상호 교류, 한국어 사용, 한국 미디어 사용, 한국에서의 거주 기간, 한국에서의 교육 기간 모두가 한국 문화 적응에 영향을 미치는 지표로 나타났다. 이 중 한국인과의 상호 교류가 한국 문화 적응에 가장 큰 영향을 미치는 것으로 나타났으며, 이는 기존에 진행된 연구들과 일치하는 결과이다(Gudykunst & Kim, 1997; Kim, 2001; Pool, 1965). 한 문화에서 주위 사람들과 맺는 관계는 정보 제공뿐만 아니라 다른 연결망으로 참여를 확산시키는 고리의 역할을 한다(Granovetter, 1973). 이러한 측면에서 한국인과의 교류는 외국인들에게 한국 문화를 접할 수 있는 좋은 기회가 될 뿐만 아니라, 낯선 환경 속에서 다양한 인간관계를 맺게 해 주는 매개체로서의 역할을 해 주며, 이는 결과적으로 외국인들의 한국 문화 적응을 높이는 데 도움을 줄 것이라 예상해 볼 수 있다.

한편, 국내 체류 외국인들의 모국 문화 친화도에 영향을 미치는 변인들을 살펴본 결과, 모국 집단과의 상호 교류, 모국 미디어의 이용, 모국어 사용의 세 가지 지표가 모국 문화 친화도에 영향을 미치는 요인임을 확인할 수 있었다. 즉 같은 민족 집단과 보다 많은 상호 교류를 할수록, 모국 미디어를 보다 많이 이용할수록, 모국어를 보다 많이 사용할수록 높은 모국 문화 친화도를 형성하였다. 또 모국 문화 친화도에 대한 각 요인들의 상대적인 영향력을 살펴본 결과, 모국 집단과의 상호 교류가 가장 큰 영향력을 가지는 것으로 나타났다. 결과적으로 본 연구는 한국 문화 적응과 모국 문화 친화도에 가장 큰 영향을 미치는 중요한 요인이 사람과의 직접적인 상호 교류라는 것을 보여 주고 있다.

**(나)**　　무엇보다 본 연구에서는 기존 연구에서 이루어지지 않았던 한국 문화 적응과 모국 문화 친화도라는 두 가지 개념의 관계를 검증해 보았다는 데 그 의미가 있다. 그 결과, 한국 문화 적응은 모국 문화 친화도에 약간의 부정적인 영향을 미치는 반면, 모국 문화 친화도가 한국 문화 적응에 미치는 영향은 통계적으로 유의미하지 않은 것으로 나타났다. 이러한 연구 결과는 단순히 한국 문화 적응과 모국 문화 친화도가 서로 배타적인 관계라는 것을 보여 주는 것은 아니다. 다만 이주민이 택할 수 있는 문화 변용 전략이 모국 문화 친화도가 아닌 이주 문화에 대한 적응 정도에 따라 달라질 수 있음을 시사한다. 즉 한국 문화에 원만하게 적응한 이주민의 경우, 원래 갖고 있던 모국 문화 친화도가 높으면 '통합' 유형을, 모국 문화 친화도가 낮으면 '동화' 유형을 택할 가능성이 높다고 볼 수 있다. 반대로 한국 문화에 제대로 적응하지 못한 이주민의 경우, 기존의 모국 문화 친화도가 높았던 사람은 '분절' 유형을, 모국 문화 친화도가 낮았던 사람은 '주변화' 유형에 가까워질 가능성이 있다.

---

조창환·성윤희(2010), 「국내 체류 외국인의 한국문화적응과 모국문화친화도에 영향을 미치는 요인」, 『한국언론학보』, 54(4), 374-397쪽 중에서

1) 각 단락에서 결과 요약과 이에 대한 논의 부분을 찾아봅시다.

　(1) 각 단락에서 <u>결과 요약</u>과 <u>이에 대한 논의 부분</u>을 찾아 표시해 봅시다.

　(2) 각 단락에서 결과에 대해 논의를 어떤 방향으로 진행하고 있는지 다음 보기 중에서 골라 봅시다.

> (a) 본 연구의 발견점을 요소별로 정리하여 제시하고 있다.
> (b) 본 연구의 발견점을 새롭게 발견된 점을 중심으로 제시하고 있다.

　　　(가) ― (　　　)　　　　(나) ― (　　　)

**참고**

**논의의 구성**
- 주요 연구 결과에 대해 논의한다.
- 선행 연구나 기존의 이론과 연결 지어 그 의미와 중요성을 설명한다.
  (선행 연구의 결과와 일치하지 않은 결과나 예상과 다른 결과에 대해서는 그 요인을 분석해 본다.)
- 논문의 연구 문제와 관련하여 해석하고 설명한다.
- 연구 결과가 시사하는 바를 제시하고 이를 적용할 수 있는 제안을 한다.

**참고**

**한계를 지적하는 표현**
- 결국 외국인 학생의 보고서 가운데 아이디어의 독창성을 보여 주는 경우는 드물었다.
- 이러한 논거는 주장을 뒷받침하기 위한 근거로 충분하다고 보기도 어렵다.
- 이러한 주장은 단순 논리에 지나지 않는다.

**선행 연구와 연결 짓는 표현**
- 예컨대, 한국 매스 미디어 이용이 영향을 미치지 않는다는 결과는 한국 매스 미디어 이용이 한국에서의 문화 적응에 영향을 미친다는 이수범·김동우(2008)의 연구와 대립된다.
- 이는 나이가 많을수록 나이가 어린 학생에 비해 스트레스를 크게 느낀다는 황지인(2008)의 선행 연구와는 일치하지 않는다.
- 이러한 결과는 외국인 유학생들이 적응하는 데 주로 겪는 문제들이 향수병, 음식 문제, 그 사회의 차별과 새로운 문화에 대한 적응하는 것이라고 밝힌 선행 연구들(Pedersen, 1991; Kagen, 1993)과 일맥상통하는 결과이다.
- Norton(2000) 연구에 등장한 원어민 화자들처럼, 본 연구에 등장한 한국어 원어민 화자들도 …… .

**해석 및 추론의 표현**
- 이러한 결과는 외국인 장학생들이 종교 단체의 도움을 받아 한국의 전통문화에 접근하거나 적응할 가능성이 높아지기 때문이라고 추론해 볼 수 있다.
- 이는 문화 적응 과정이 그것을 받아들이는 개인의 심리적 특성에 크게 영향을 받기 때문이라 해석될 수 있다.
- 이러한 차이는 공동체 일원들간의 상호 작용의 정도에서 기인하는 것으로, 각각의 공동체의 목적뿐만 아니라 공동체 내의 권력 관계 등 다양한 요인이 영향을 미쳤을 것이라 짐작된다.
- 한국 매스 미디어에의 노출 정도 등 보다 개인의 성격적 측면이 정부 초청 외국인 대학원 장학생들의 한국 문화 적응에 크게 영향을 준다는 본 연구의 결과는 이러한 측면에서 유의한 시사점을 준다.
- 이러한 결과는 하부 공동체가 외국인 유학생들이 끊임없이 참여를 시도하였던 학문 공동체와는 다른 맥락적인 특성을 갖고 있음을 의미한다.
- 이와 같은 문제는 논거 불충분이나 논리성 부족의 결과로 이어진다.

❷ 다음 보기 중 적절한 표현을 사용하여 결과를 선행 연구와 연결 짓는 문장을 완성해 봅시다.

| 보기 | 일치하다 | 확인하다 | 뒷받침하다 |

1) 본 연구의 조사 결과를 통해 국내 외국인 유학생들의 목표 언어와 학문적 성장에 대한 투자 역시 지속적으로 재구성되고 변형되고 있음을 _____.

2) 한국어의 사용 역시 문화 적응에 유의미한 영향을 미치는 것으로 나타났는데 이 또한 기존 연구들과 _____.

3) 이는 언어 능력이 외국인들의 문화 적응에 가장 기본적인 조건이라는 선행 연구의 결론을 _____.

참고

**결과 보고 표현**
- 검토 결과에 따르면, 사료의 경우에는 자가 사용 및 무상으로 주변 농가에 나누어 주는 경우가 많아 실제 시장에서 보급되는 양은 적은 것으로 파악된다.
- 이러한 양상은 다음과 같은 인터뷰 내용에서도 드러난다.

❸ 다음 보기 중 적절한 표현을 사용하여 결과에 대한 해석을 제시하는 문장을 완성해 봅시다.

| 보기 | 알 수 있다 | 보이다 | 보여 주다 | 의미하다 |

1) 연구 결과를 통해서 한국 문화 적응은 모국 문화 친화도에 약간의 부정적인 영향을 미치는 반면, 모국 문화 친화도는 한국 문화 적응에 영향을 미치지 않음을 _____.

2) 더욱이 한국어가 능숙한 외국인은 한국인과 대화할 때에도 좀 더 다양하고 깊이 있는 화제를 교환할 수 있게 된다는 점(Ting-Toomey & Korzenny, 1991; 김현주 외, 1997)에서 한국어를 많이 사용하는 외국인일수록 한국 문화 적응이 높게 나타난 것으로 _____.

3) 이러한 결과는 이주민이 택할 수 있는 문화 변용 전략이 모국 문화 친화도가 아닌 이주 문화에 대한 적응 정도에 따라 달라질 수 있음을 _____.

4) 즉 한국 문화에 제대로 적응하지 못한 이주민의 경우, 기존의 모국 문화 친화도가 높았던 사람은 '분절' 유형을, 모국 문화 친화도가 낮았던 사람은 '주변화' 유형에 가까워질 가능성이 있음을 _____.

## 대안 제안하기

**1** 다음은 외국인 유학생의 한국 문화 적응에 대한 논문의 제안 부분입니다. 읽고 질문에 답해 봅시다.

(가) 이러한 연구 결과는 국내에 유입된 외국인에게 한국 문화 적응을 원만히 이루어낼 수 있는 환경을 제공하기 위한 체계적인 지원이 필요함을 보여 준다. 먼저 정책 입안자들은 국민들이 문화의 다양성을 존중하고 외국인 집단과 보다 원활히 교류할 수 있는 방안을 강구해야 한다. 주류 집단, 즉 한국인과의 상호 교류가 문화 적응에 영향을 미치는 가장 중요한 요인이었으니만큼 외국인 집단이 주류 문화에 쉽게 참여할 수 있는 기회를 마련하는 것이 중요하다.

**(나)** 또한 한국어의 사용 정도 역시 중요한 요인이었음을 고려하여 외국인의 한국어 습득에 도움을 줄 수 있는 방안을 찾는 것도 중요할 것이다. 한국어를 원활하게 사용할 수 있다면 한국인과의 교류 또한 보다 용이해질 것이고, 그에 따라 주류 문화에 참여할 가능성 역시 높아진다. 이를 위하여 정부적 차원에서 인터넷, 애플리케이션, 방송 등 다양한 매체를 통한 한국어 학습 프로그램과 한국어를 연습할 수 있는 튜터 프로그램 등을 제공함으로써 각자의 여건에 맞게 한국어를 학습하면서 한국 문화를 접할 수 있도록 해야 한다.

조창환·성윤희(2010), 「국내 체류 외국인의 한국문화 적응과 모국문화친화도에 영향을 미치는 요인」, 『한국언론학보』, 54(4), 374-397쪽 중에서

1) 위 글에서 각 단락의 제안은 각각 다음 **보기** 중 무엇과 관련되는지 골라 봅시다.

보기
(a) 한국인과의 상호 교류가 한국 문화 적응에 가장 큰 영향을 미치는 것으로 나타났다.
(b) 한국어의 사용 역시 문화 적응에 유의미한 영향을 미치는 것으로 나타났다.

(가) — (　　　)　　　(나) — (　　　)

2) 연구 결과와 그에 따른 제안을 연결하여 한 문장으로 말해 봅시다.

　　　　　　　　　　연구 결과　　　　　　　　　　　제안

(가) _____ (으)므로 _____ 해야 한다.

(나) _____ (으)므로 _____ 해야 한다.

3) 각 제안이 실효성·효과성이 있다고 봅니까? 다른 방안이 있으면 제안해 봅시다.

참고

**제안 표현**

- 정부 초청 외국인 장학생 관리를 총괄하고 있는 기관에서는 입국 초기부터 장학생들이 모여 함께 할 수 있는 문화 체험의 기회를 제공하는 방안을 고려해 볼 수 있다.
- 이를 해결하기 위해서는 다문화 정책에 대한 국가 차원의 거시적이고 장기적인 계획이 먼저 수립될 필요가 있다.
- 이들이 수시로 기도할 수 있도록 교내에 기도실을 마련해 주고 그들이 국내 종교 단체와 쉽게 접촉할 수 있도록 안내하는 적극적인 지원이 요청된다.
- 한국에 먼저 입국하여 한국 문화에 적응을 한 나이 많은 선배와의 잦은 교류는 젊은 장학생들이 한국에서 성공적인 학업 성취와 문화 적응을 하는 데 많은 도움이 될 것으로 보인다.

❷ 다음 내용을 보고 적절한 대안을 생각해 보고 전후 맥락에 어울리는 표현과 어휘를 사용하여 써 봅시다.

> 본 연구에서는 외국인 유학생의 한국에서의 문화적 적응과 생활 스트레스에 영향을 미치는 요인을 분석해 보았는데, 그 결과를 근거로 사회 복지적 실천 방안을 제시하고자 한다.

1) 한국에서의 유학 생활을 성공적으로 수행하기 위해서는 한국어 수준이 가장 유의미한 영향을 미치는 변인이다. 따라서 외국인 유학생을 유치하고 있는 각 대학마다 그들의 한국어 수준을 빠른 시일 내에 향상시킬 수 있도록 효율적인 한국어 교육 프로그램을 마련하는 것이 우선적으로 필요하다.

2) 생활 스트레스에 있어서 가장 영향력이 높은 변인은 주거 문제였다. 따라서 _____
_____
_____ .

3) 가장 큰 생활 스트레스 요인이 학업 문제와 장래 진로 문제로 나타나고 있으므로, _____
_____
_____ .

**쓰기 1**

❶ 다음 표의 주제에 대해서 문제점을 보완하기 위한 대안을 제시하는 문단을 써 봅시다.

| 주제 | 문제점 | 대안 |
|---|---|---|
| 한국의 교육 제도 | 대학 입학 시험의 결과로 그 이후의 사회 진출 기회가 매우 제한됨. | |
| 한국의 다문화 인식 | | |
| 서울의 지하철 | | |

현재 _____ 에서 가장 큰 문제는 **문제점 비판**
_____ . 이는    −(으)ㄴ/는 실정이다

_____ 때문이라고 할 수 있다. _____    **요인 분석**
                                                    이는 …… 때문이다
_____ (으)ㄴ 것이다.                          −(으)ㄴ 것이다

이를 해결하기 위해서는 무엇보다도 _____    **대안 제시**
_____ .                                      −(으)ㄹ 필요가 있다
_____ .                                      −아/어야 한다

이를 위해서는 먼저 _____                    **구체적 실천 방안**
_____ .                                      −아/어야 한다

이를 통해 _____                              **대안의 효과**
_____ .                                      −(으)ㄹ 수 있다
                                                    −(으)ㄹ 것이다

**쓰기 2**

❶ 다음 사항을 고려하여 결과에 대한 '논의' 부분을 써 봅시다.

고려 사항
- 결과를 어떻게 해석할 수 있는가?
- 결과는 선행 연구와 일치하는가?
- 결과에 어떤 요인이 관여한 것인가?
- 결과에서 추론할 수 있는 바는 무엇인가?
- 결과에 따르면 어떤 개선 방안이 필요한가?

❷ '논의' 부분을 다른 학생과 바꿔 읽어 보고 다음 평가 기준을 참고하여 서로 조언을 하여 이를 보강해 봅시다.

평가 기준
- 다른 해석의 방향이 있는가?
- 충분히 설명되지 않은 결과가 있는가?
- 독자의 입장에서 더 알고 싶은 것은 무엇인가?
- 독자의 입장에서 잘 이해가 되지 않는 것은 무엇인가?
- 결론에서 도출할 수 있는 다른 제안점이 있는가?

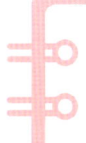
자기 평가

다음 사항에 대해서 평가해 봅시다.
- ☐ 연구 결과를 선행 연구의 결과와 관련지어 논의할 수 있다.
- ☐ 연구 결과와 관련된 구체적인 제안점을 도출할 수 있다.
- ☐ 제안을 적절한 근거로 뒷받침할 수 있다.

# UNIT 15 결론 쓰기 및 고쳐 쓰기

[가]   …… 헌법은 "모든 국민은 사생활의 비밀과 자유를 침해 받지 아니한다", "모든 국민은 통신의 비밀을 침해 받지 아니한다"고 규정하고 있다. 수사 기관의 사이버 검열은 표현의 자유와 통신 비밀 보호 측면에서 엄격하게 제한돼야 마땅하다. '투망식 수사'에서 벗어나 프라이버시를 최대한 보호하며 수사할 방법을 찾아야 한다. 엄격한 감청 기준을 마련하고 집행도 최소화해야 한다. 법원도 사이버 수사와 관련해 명확한 영장 발부 기준을 하루빨리 세워야 한다. 감청을 무제한 연장할 수 있도록 한 통신 비밀 보호법 등 허술한 규정을 시급히 개정해야 한다. 디지털 시대에 걸맞게 법과 제도를 정비할 필요가 있다.

『한국일보』 2015년 1월 24일 자 사설,
「사이버 압수수색 급증, 프라이버시 침해 걱정」 중에서

[나]   그날 밤, 소년은 자리에 누워서도 같은 생각뿐이었다. 내일 소녀네가 이사하는 걸 가 보나 어쩌나. 가면 소녀를 보게 될까 어떨까. 그러다가 까무룩 잠이 들었는가 하는데,
"허, 참 세상일도……."
마을 갔던 아버지가 언제 돌아왔는지,
"윤 초시 댁도 말이 아니야, 그 많던 전답을 다 팔아 버리고, 대대로 살아오던 집마저 남의 손에 넘기더니, 또 악상까지 당하는

걸 보면…….”
　　남폿불 밑에서 바느질감을 안고 있던 어머니가,
“증손(曾孫)이라곤 계집애 그 애 하나뿐이었지요?”
“그렇지, 사내애 둘 있던 건 어려서 잃어버리고…….”
“어쩌면 그렇게 자식 복이 없을까.”
“글쎄 말이지. 이번 앤 꽤 여러 날 앓는 걸 약도 변변히 못 써 봤다더군. 지금 같아서 윤 초시네도 대가 끊긴 셈이지……. 그런데 참, 이번 계집앤 어린 것이 여간 잔망스럽지가 않아. 글쎄, 죽기 전에 이런 말을 했다지 않아? 자기가 죽거든 자기 입던 옷을 꼭 그대로 입혀서 묻어 달라고…….”

황순원(2010), 『소나기』(01 다시읽는 황순원), 맑은소리 중에서

1. 여러 장르의 글에서 마무리 부분은 각각 어떤 특성을 보입니까?

2. 논문의 결론 부분에는 어떤 내용이 들어가야 할지 이야기해 봅시다.

## 구성 및 표현 이해하기

###  초록 쓰기

**1** 다음은 외국인 유학생의 문화 적응에 대한 논문의 초록 부분입니다. 읽고 질문에 답해 봅시다.

본 연구의 목적은 정부 초청 외국인 대학원 장학생의 개인적 특성과 그들의 한국 문화 적응과의 관계를 밝히는 데 있다. 종속 변인인 한국에서의 문화 적응은 한국 전통문화 적응, 한국 사회문화 적응 및 한국인과의 관계 형성 수준으로 나누어 고찰하였다. 개인적 특성을 나타내는 독립 변인은 성별, 나이, 종교 유무, 출신 국가, 성격, 입국 후 한국 체류 기간, 한국 매스 미디어 일일 이용 시간, 한국어 실력을 활용하였고, 300명을 설문 조사한 결과를 다중 회귀 분석 방법을 활용하여 분석하였다. 일반적으로 나이가 많을수록, 성격이 내성적이지 않을수록 한국 문화에 대한 적응 수준이 높은 것으로 나타났다. 다만 한국 전통문화에 대하여는 종교가 있는 경우, 한국어 실력이 높을 경우, 아프리카와 중동 출신일 경우 적응 수준이 높은 것으로 나타났다. 본 연구는 상대적으로 한국 문화 적응이 어려운 것으로 나타난 낮은 연령의 내성적인 유학생을 대상으로 종교 활동 및 선배와의 멘토링 등을 활용한 적극적인 지원이 필요함을 제시한다.

주제어: 정부 초청 외국인 대학원 장학생, 개인적 특성, 문화 적응

한경숙·배상훈·전수빈(2011), 「정부초청 외국인 대학원 장학생의 개인적 특성과 한국문화적응과의 관계」, 『한국교육학연구』 (구 안암교육학연구), 17(2), 27-45쪽 중에서

1) 다음 **보기** 중 위 글에 나타나 있는 것은 무엇입니까?

 **보기**

선행 연구      연구 방법      연구의 의의      연구 결과

2) 앞에서 제시된 주제어 세 가지는 다음 보기 중 어느 것과 관련된 것입니까?

| 보기 | | | |
|---|---|---|---|
| | 논문의 주요 개념 | 연구 참여자 | 연구 방법 |

참고

**초록의 개념과 구성**

- 초록은 보통 국문 초록과 영문 초록 두 가지로 작성되는데, 본문의 내용을 짧게 요약하여 이를 읽고 보고서의 핵심 내용을 파악할 수 있게 하는 데 목적이 있다. 선행 연구나 자세한 연구 방법 등은 제외하고 보고서의 목적, 전제, 관점, 주요 연구 방법 및 연구 결과와 의의 등을 간략하게 기술하되, 연구 내용과 결과가 잘 드러나도록 한다.
- 논문 검색을 용이하게 하기 위해 내용상 핵심적인 명사 5~10개 정도를 주제어로 선정하여 초록 아래에 제시한다.

TIPS 이미 수행된 연구에 대해서 기술하므로 주로 과거 시제를 사용하여 기술한다.

##  의의, 한계 및 제언 쓰기

**1** 다음은 외국인 유학생의 문화 적응에 대한 논문의 결론 부분입니다. 읽고 질문에 답해 봅시다.

> 본 연구는 정부 초청 외국인 장학생이 갖는 개인적 특성이 그들의 한국 문화 적응과 어떠한 관계가 있는지를 실증적으로 분석하는 데 목적이 있다. 특히 상대적으로 높은 연령에 해당하여 다른 문화에서의 적응이 쉽지 않을 것으로 보이는 대학원 수준의 장학생에 대하여 분석을 시도하였다. 구체적으로 외국인 대학원 장학생의 성별, 나이, 종교 유무, 성격(내성적인 수준), 출신 국가, 입국 후 한국 체류 기간, 한국 매스 미디어 일일 이용 시간, 한국어 실력 등 개인적 특성이 그들의 한국 문화 적응과 어떠한

관계가 있는지 살펴보고자 하였다. 그 결과 한국 문화에 대한 적응 수준에 나이와 성격이 영향을 미치며, 한국 전통문화에 대한 적응에는 종교, 한국어 실력, 출신 문화가 영향을 미침을 확인할 수 있었다. 그동안 수행되었던 선행 연구가 일반 외국인 유학생에 대한 연구가 대부분이고 대체로 중국 등 특정 국가 출신을 대상으로 하였다는 점에서 이 연구는 차별성을 가진다. 아울러 이 연구의 결과는 보다 효과적인 정부 초청 외국인 장학생 정책 및 지원 방안을 수립하는 데 유용한 정보를 제공할 수 있을 것이다.

다만 본 연구의 분석 결과를 적극적으로 해석함에 있어 다음과 같은 이유로 유의해야 한다. 첫째, 분석 데이터가 다양한 국가를 포괄하고 있기는 하지만, 모집단 출신 국가의 비율을 충분히 반영하지 못하고 있기 때문에 분석 결과가 특정 대륙 출신 장학생들의 성향을 주로 반영하고 있을 가능성이 있다. 따라서 후속 연구에서는 모집단 출신 국가 비율을 좀 더 정교하게 반영한 연구 설계를 검토할 필요가 있다. 둘째, 외국인 대학원 장학생의 성격과 관련된 변인이 모든 분석에서 유의한 것으로 나왔으나, 내성적 성격의 정도만을 묻고 있어 결과 해석 시에 유의할 필요가 있다. 즉 내성적 성향 여부를 장학생들의 전반적 성격으로 일반화한 상황인데, 문화 적응과의 관계에 성격은 매우 중요하고 또 복합적인 요인이라 단순히 결론 내리기 어려울 것이다. 후속 연구에서는 외국인 장학생의 성격과 관련된 좀 더 체계화된 성격 변인을 구성하여 수행될 필요가 있다.

한경숙·배상훈·전수빈(2011), 「정부초청 외국인 대학원 장학생의 개인적 특성과 한국문화적응과의 관계」, 『한국교육학연구』 (구 안암교육학연구), 17(2), 27-45쪽 중에서

1) 본 연구의 의의에 대해서 말해 봅시다.

2) 본 연구의 한계점은 무엇인지 말해 봅시다.

3) 본 연구의 한계를 극복하기 위해서 다음 연구에서는 어떻게 해야 합니까?

**참고** **결론의 구성**

결론에서는 본론에서 논의된 바를 요약하고 이에 대한 의의와 한계, 제언을 덧붙인다.
- 의의: 이 연구가 어떠한 가치를 갖는지, 이 연구를 활용할 수 있을 것으로 기대되는 부분에 대해서 쓴다.
- 한계: 연구를 수행하면서 아쉬운 점이나 하지 못했던 점에 대해서 언급한다.
- 제언: 본 연구 결과를 활용할 수 있는 방안이나 후속 연구 과제 등을 제안한다.

**주요 내용 요약**
(연구 목적, 주요 이론적 전제, 연구 방법, 연구 결과 중심)

**연구의 의의, 한계, 제언**

❷ 다음 보기 중 알맞은 표현을 골라 문장을 완성해 봅시다.

**보기**    한계를 갖다    다루지 못하다    할 수 없다    한계로 남다

1) 이상의 연구는 52명이라는 제한된 사례만을 대상으로 한 것이며 조사자의 편의에 의한 샘플에 의존하였다는 _____.

2) 특히 남성 소비자는 이 중 10명에 불과하여, 성별에 따른 차이가 상당히 크게 나타났음에도 불구하고 성별 변인에 대한 논의를 _____.

3) 나트륨 사용량이 높고 국물이 많은 우리나라 음식의 특성을 고려할 때, 이를 줄이는 것이 음식물 쓰레기 재활용을 높이는 주요한 방안임에도 불구하고, 본 연구에서는 음식 문화와 관련된 부분은 _____.

4) 배출되는 음식물 쓰레기 폐수의 재활용을 통한 근본적인 해결 방안을 제시할 필요가 있으나, 폐수를 활용한 바이오가스 연구가 아직 초기 단계라 본 연구대상에서는 제외하였다는 점이 _____.

**3** 다음 보기는 향후 연구에 대한 제언 부분에 자주 결합되어 사용되는 표현들입니다. 이 표현들을 적절하게 결합하여 문장을 완성해 봅시다.

> 보기
> 
> -(으)ㄹ 필요가 있다        -아/어야 하다        -(으)ㄹ 것이다

1) 후속 연구에서는 다양한 제품과 샘플을 대상으로 소비자들이 사전에 인식하는 고려 사항과 실제 매장에서의 고려 사항의 차이에 어떠한 패턴이 있는지를 (연구해 보다) _____.

2) 이러한 부분은 앞으로 후속 연구를 통해 보다 체계적으로 (다루다) _____.

3) 한국의 국가 브랜드 현황과 상품 구매에 영향을 미치는 요소를 보다 계량적으로 파악하는 종합적인 후속 연구가 (이루어지다) _____.

**4** 다음 글에서 적절한 내용을 써서 한계와 제언 부분을 완성해 봅시다.

1) 본 연구에서는 심층 인터뷰가 참여자들의 모국어가 아닌 제2언어로 전달되었기 때문에 말하고자 하는 바가 정확히 전달되지 않았을 가능성이 있으며, 연구 참여자를 상급 수준의 한국어 능숙도를 가진 외국인으로 한정시켰기 때문에 다양한 수준과 환경에 있는 유학생들의 어려움을 살피지 못했다는 한계가 있다. 따라서 향후 보다 다양한 유학생들에 대해 그들의 모국어를 사용하여 심층적인 인터뷰를 통한 연구를 수행해 볼 필요성이 있다.

2) 본 연구에서는 분석 데이터에서 출신 국가의 균형을 맞추지 못했기 때문에 분석 결과가 특정 국가 출신 장학생들의 성향을 반영하고 있을 가능성이 있다. 따라서 향후 연구에서는 _____
_____.

3) 또한 외국인 대학원 장학생의 성격과 관련된 변인이 모든 분석에서 유의한 것으로 나왔으나, 내성적 성격의 정도만을 묻고 있어 _____. 후속 연구에서는 외국인 장학생의 성격과 관련된 좀 더 체계화된 성격 변인을 구성하여 수행될 필요가 있다.

## 고쳐 쓰기

**1** 다음 글을 어떻게 수정하였는지 살펴보고 물음에 답해 봅시다.

> 본 설문 조사는 20대 초반 대학생을 대상으로 응답자의 인터넷 용어 사용 현황을 통해 ~~에 대한 조사를 통하여~~ 인터넷 용어와 표준어 파괴 현상의 관련성을 알아보고자 수행되었다. 조사는 1주일 동안 모두 28명의 대학생을 대상으로 이루어졌다. 조사 내용은 주로 인터넷 용어 사용자의 사용 ~~향상~~ 양상, 인터넷 용어를 사용하는 이유와 이들이 인터넷 용어에 대한 의식과 태도 등 ~~이 바탕으로 설계되었다.~~ 이었다.
>
> ……
>
> 위에서 본 바와 같이 하루 평균 5시간 이상 인터넷을 사용하는 응답자가 48%로 가장 ~~많은 것이었다.~~ 많은 것으로 나타났다. 즉 거의 반 정도의 응답자가 하루 중 5시간 동안 인터넷을 한다고 응답한 것이다. 이는 대학생들이 현재 대학 재학 중인 학생들로 수업이나 시험, 과제 등으로 매우 바쁜 상황인 것을 고려해 보면 매우 높은 사용률이다. 특히 1시간 미만으로 사용하는 학생은 8%(2명)로 매우 적다. 이를 보면 대학생들이 전반적으로 인터넷에 지나치게 많은 시간을 소비하고 있음을 알 수 있다. 즉 스마트폰의 보급에 따라 대학생들의 생활 가운데 인터넷이 큰 비중을 차지하고 있는 것이다.
>
> 구 연구반 학생 풍연아(대만) 작성

1) 어떤 내용을 어떻게, 왜 수정하였습니까? 위 글에서 다음 내용에 해당하는 수정 사례를 찾아봅시다.

- 표현의 정확성(규범성, 호응)을 높였다.
- 독자가 읽고 이해하기 쉽도록 더 적절한 표현(어휘, 문법)으로 대체하였다.
- 필자의 평가를 추가·보완하여 주장을 강화하였다.

15. 결론 쓰기 및 고쳐 쓰기　169

**2** 앞의 기준을 참고하여 다음 글을 수정하여 봅시다.

> 현대 사회는 빠른 속도로 발전하고 있다. 그 발전을 가능하게 만든 원인 중에서는 인터넷의 발달을 우선적으로 꼽을수 있다. 인터넷이 보편화됨에 따라 사람들이 소통하는 방식도 예전과 달리 서로 눈을 맞추며 대화하는 방식에서 벗어나 사이버 세계에서 얼굴을 보지 않은 상태에서 대화하는 방식(채팅)으로 변화되었다.
>
> 이런 모든 것이 인터넷 속도처럼 빠르게 이루어지는 사회에서 글자를 하나하나 꼼꼼히 따지는 것보다 자기가 전달하고 싶은 것이 무엇인지가 더 중요해지면서 새로운 언어 형태가 나타났다. 따라서 상대적으로 복잡하고 시간도 걸리는 표준어나 표준어법을 사용하는 것에비해 빨리빨리 자기의 뜻을 전달할 수 있는 줄임말, 이모티콘 등 인터넷 용어가 만들어졌다.
>
> 인터넷 용어의 일반화가 아름다운 한국말에 부정적인 영향을 미치는 것도 물론이려니와, 사용자들에게도 언어에 대한 문화 의식이 약화되고 있다고 본다. 이러한 한국어 파괴 현상은 인터넷에만 있는 것 뿐만 아니라, 일상생활에서의 말하기와 글쓰기에서도 영향을 미치고 있는 것이다.
>
> 본 연구에서는 20대 초반 대학생 위주로 진행되는 인터넷 용어 사용 현황에 대한 설문 조사와 인터넷 게시판에서 사용되는 한국어 파괴 현상의 예를 제시하며, 이러한 빠른 인터넷의 발달로 생기게 된 문제점들, 특히 인터넷 게시판 댓글에서 나타나는 한국어 파괴 현상을 알아보고자 한다.
>
> 구 연구반 학생 풍연아(대만) 작성

참고

**퇴고의 정의**

퇴고(推敲, revision)는 글을 고치고 다듬는 일을 말한다.

**퇴고의 기준**

| 어휘 및 표현 | • 문장 길이가 너무 길거나 이해하기 어렵지 않은가?<br>  (구어체 표현, 문장의 길이 등) |
|---|---|
| 내용의 명확성 | • 각 문장이 객관적이고 이해하기 쉽게 기술되어 있는가?<br>• 각 단락에서 필자가 말하고자 하는 내용이 잘 드러나는가?<br>• 글의 흐름에 필요 없는 내용이나 문장, 단락이 있는가? |
| 주장의 설득력 | • 반론의 여지가 있는 부분이 있는가?<br>• 논리적 연결이 매끄럽지 않은 부분이 있는가? |
| 인용 출처 | • 인용한 부분에 출처 표기가 올바르게 되어 있는가?<br>• 인용된 문헌의 서지 사항이 맨 뒤의 참고 문헌 목록에 모두 실려 있는가? |

## 쓰기 1

**1** 다음 연구 개요를 참고하여 결론 부분을 써 봅시다.

연구 목적: 인터넷 용어 사용의 보편화에 따른 언어 파괴 현상을 살펴봄.

연구 내용: 20대 초반 대학생 28명을 대상으로 설문 조사를 하여 이들의 인식을 살펴봄.

연구 결과: 학생들이 대부분 인터넷 용어가 표준어에 악영향을 미칠 수 있다는 의식을 갖고 있고, 또 실제로 인터넷 용어를 사용하면 표준어를 점점 잊어버리거나 헷갈리게 쓸 때가 있는 경우가 나타나고 있어 인터넷 용어의 사용은 확실히 한국어 표준어를 파괴하고 있다고 할 수 있음.

연구의 의의: 인터넷이 생활화된 상황에서 인터넷을 가장 많이 사용한다고 할 수 있는 대학생들의 인식을 살핌.

연구의 한계: 28명이라는 제한된 응답자를 대상으로 하고 있음.

구 연구반 학생 풍연아(대만) 작성

---

본 연구에서는 _____ 고자 하는 목적을 가지고 _____ 을/를 분석하였다. 그 결과 _____

_____

_____

_____ 는 특징이 나타났다. 이러한 결과를 통해 _____

_____

_____

_____ 해야 할 필요성이 있다고 할 수 있다.

본 연구는 _____ 라는 점에서 의의를 갖는다. 그러나 _____

_____

다는 점은 한계로 남는다. 향후 _____

_____

연구가 수행될 필요가 있을 것이다.

| | |
|---|---|
| 연구 목적·내용 요약 | |
| 연구 결과 요약 | —(으)ㄹ 필요가 있다 |
| 연구의 시사점 | —아/어야 한다 |
| 연구의 의의와 한계, 제언 | —(으)ㄹ 수 있다<br>—(으)ㄹ 것이다 |

**1** 보고서의 결론을 작성해 봅시다.

- 연구 내용의 요약, 의의, 한계, 제언 부분을 써 봅시다.

**2** 다른 학생과 바꿔 읽으면서 글을 수정해 봅시다.

1) 다른 학생의 보고서를 읽고 의견을 이야기해 봅시다.

2) 다른 학생이 지적해 준 부분을 적절하게 고쳐 봅시다.

**❸ 보고서를 보기 좋게 편집해 봅시다.**

- 단락 앞에 들여쓰기를 해 봅시다.
- 표를 보기 좋게 편집하고 표의 위, 그림과 그래프의 아래에 제목을 달아 봅시다.

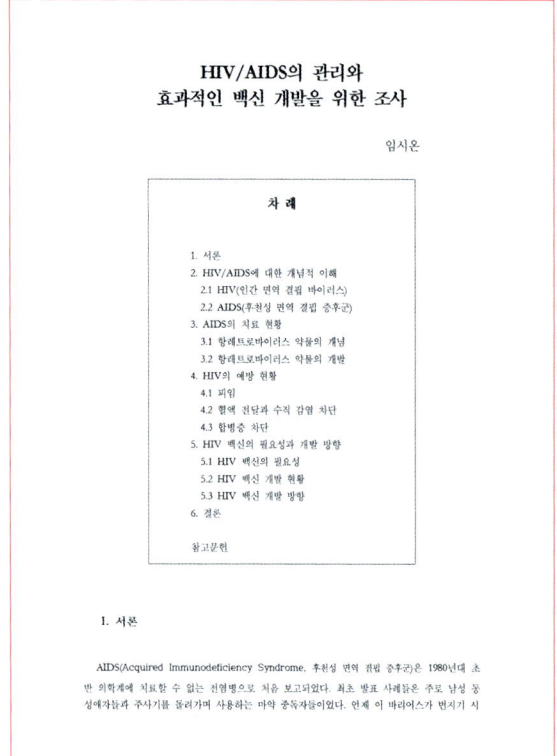

- 전체 글씨체: 바탕체
- 제목: 바탕체, 굵게, 15pt, 가운데
- 이름: 바탕체, 굵게, 12pt, 오른쪽
- 차례 제목: 바탕체, 굵게, 12pt, 가운데
- 차례 내용: 바탕체, 10.5pt, 100%
- 장절 제목: 바탕체, 굵게, 11pt, 100%
- 본문 내용: 바탕체, 10.5pt, 150%
  (양이 많으면 115%)

구 연구반 학생 임시온(인도) 작성

**자기 평가**

**다음 사항에 대해서 평가해 봅시다.**

☐ 연구의 목적과 내용, 방법 및 연구의 결과와 한계, 의의를 포함하여 적절하게 요약할 수 있다.
☐ 결론에 추후 연구 과제에 대한 제언을 기술할 수 있다.
☐ 연구 내용을 잘 포괄하고 있는 초록을 작성할 수 있다.
☐ 독자의 관점에서 잘 읽히는 글이 되도록 수정할 수 있다.
☐ 전체 글, 특히 표나 그림 등을 보기 좋게 편집할 수 있다.

# 부록

모범 답안
어휘 색인

**모범답안**

## 1과 주제 정하기

### 학술적 글쓰기의 개념과 과정 알기

1. 1) • 목적: 어떤 주제에 대한 자신의 연구와 조사 결과를 논리적으로 정리하여 기술하는 것
   • 포함되어야 하는 요소: 주제에 대한 논리적 분석과 입증, 종합적 비판과 평가
   2) 다른 사람의 의견을 그대로 추종하는 것이 아니라 비판적으로 수용해야 한다.
   3)

   | 글의 내적 형식 | • 독창적 주장<br>• 새로운 연구 방법<br>• 기존 연구에 대한 비판적 검토<br>• 서론의 구성<br>• 결론의 구성 |
   |---|---|
   | 글의 외적 형식 | • 참고 문헌 밝히는 양식<br>• 보고서 표지 양식<br>• 주석 다는 방식<br>• 인용 방식 |

2. 1)

   | 준비 | 관심 분야의 선정 → 관심 분야의 선행 연구 고찰 → 연구 문제 설정 → 연구 방법 설계 |
   |---|---|
   | 수행 | 자료 수집 및 정리 |
   | 분석 | 연구 결과의 해석 및 논의 → 연구 결론 도출 |

### 보고서의 문체 알기

1. 1) [가] 문제의 배경 [나] 문제점 제기
      [다] 연구 목적·내용·의의 제시
   2) 현재 읽고 있는 이 논문/이 논문의 필자

### 주제 정하기

2. 1) 영향  2) 효과, 전망  3) 실태, 방안  4) 인식
   5) 요인

3. 1) 재한 중국 유학생의 사회적 적응에 대한 연구
   2) 살고 싶은 도시 실현을 위한 정책 연구
   3) 아동의 텔레비전 시청 행태가 집중력에 미치는 영향
   4) 서울 도심 지역에 대한 세대별 인식 비교
   5) 외국인 유학생의 대학 생활 적응에 따른 한국 문화 이해 양상 연구

### 쓰기 1

1. 1) 2010년 공중파 일일 드라마에 나타난 가부장적 가족 제도의 문제
   2) 2016 촛불 시위에 나타난 한국의 네티즌 문화 — 다음 카페를 중심으로
   3) 한국 전통 공동체 문화의 발전적 계승 방안
   4) 한국에서 태양광 에너지 도입 현황과 문제점

## 2과 자료 수집하기

### 여러 가지 자료 찾기

2. 1) 소설 『엄마를 부탁해』
   2) 20대를 위한 위로 서적
   3) ○○전자 재무 지표(증시 공개 손익 계산서, 재무 상태표)
   4) 조선왕조실록

### 참고 자료의 서지 사항 쓰기

1. • 학술 논문: 저자(논문 발간 연도), 논문 제목, 학술지 제목, 학술지 권·호수, 수록 쪽수.
   • 단행본: 저자(단행본 발간 연도), 단행본 제목, 출판사.

2. 1) 이익섭·이상억·채완(1997), 한국의 언어, 신구문화사.
   2) 김미예·임지영·그레이스정(2012), 다문화가정

아동의 언어 능력과 부모-자녀 응집성이 자아존중감 및 문화 적응에 미치는 영향, 한국간호학, 42(6), 879-888쪽.
3) Moore, Jerry. D.(1997), Visions of Culture: an introduction to anthropological theories and theorists, AltaMira Press[김우영 역(2002), 인류학의 거장들: 인물로 읽는 인류학의 역사와 이론, 한길사].

3. 1) 조창환·성윤희(2010), 국내 체류 외국인의 한국 문화적응과 모국문화친화도에 영향을 미치는 요인, 54(4), 374-397쪽.
2) 태진미(2011), 창의적 융합인재양성, 왜 예술교육에 주목하는가? 영재교육연구, 21(4), 1011-1032쪽.
3) 김선남(2007), 중국 유학생의 국내 대학적응을 위한 커뮤니케이션 전략 연구, 정치·정보연구, 10(1), 185-206쪽.
4) 이태준(2008), 이태준의 문장강화, 랜덤하우스.
5) 2015 출입국·외국인정책 통계연보, 출입국·외국인정책본부 통계연보.
https://www.immigration.go.kr(검색일: 2017년 1월 22일).

## 3과 계획 세우기

### 연구 방법 정하기

1. 1) (가): 설문지 275부/본문 참고
   (나): 다문화 자녀와 관련된 논문 273편/본문 참고
   2) 자료 수집의 신뢰성과 타당성

2. 
   **양적 연구**
   - 객관성 추구
   - 계량 가능
   - 일반화 가능성
   - 통계 분석
   - 다수에 대한 자료

   **질적 연구**
   - 연구자의 주관 개입 가능성
   - 상황 맥락 고려
   - 다양성
   - 참여 관찰
   - 소수에 대한 자료

## 4과 조사 준비하기

### 조사 계획 세우기

1. 1) 질문지 문항을 이해하고 스스로 응답할 수 있는 연령을 고려한다.
   2) 연구 대상자에게 연구에 대해 상세한 설명을 하고 참여 의사를 물었으며, 어머니에게도 동의를 구했다.
   3) 기존에 사용되었던 문항을 수정·보완·번안하여 사용하였다. 번역할 때는 전공자이면서 이중 언어자인 전문가가 번역의 타당성을 검증하였다.

### 설문지 작성하기

1. 1) (가) 한국 문화 적응도 (나) 모국 문화 친화도 (다) 한국에 대한 태도

### 면담 조사하기

2. 1) 인터넷 게시판 분석 2) 방문 3) 면담 4) 문헌 연구 5) 전문가 인터뷰 6) 사례 분석

## 5과 차례 만들기

### 차례 세우기

1. 1) [나]-[가]-[다]  2) [가]-[나]-[다]

2. 1) 2-㉠, ㉣  3-㉢, ㉤  4-㉡, ㉥, ㉦
   2) 2-㉠, ㉡  3-㉣, ㉥  4-㉢, ㉤

부록 177

3. 1) 2장, 3장, 4장  2) 4장 내용 참조

4. 1) 2장의 하위 항목이 비체계적이다.
   2. 대만-한국 교류의 역사 및 현황
      2.1. 대만-한국 교류의 역사
      2.2. 대만-한국 교류의 현황
         2.2.1. 문화적 교류
         2.2.2. 경제적 교류
   2) 3장과 하위 항목인 3.1.의 내용이 같다.
      1. 서론
      2. 재벌의 정의
      3. 한국 재벌 기업의 발전 과정
      4. 한국 재벌 기업의 현황 — 재벌 중심의 한국 경제
      5. 한국 경제에서 재벌의 영향력을 줄이기 위한 방안
      6. 결론

### 개요 짜기

1. 1) 중소기업의 혁신을 위해 클라우드 컴퓨팅을 도입할 필요가 있다.

   2) 한국 경제에서 중소기업의 역할은 매우 중요하다. 중소기업은 대기업과 달리 기술 개발이나 혁신을 시도하기 쉬운 유연한 구조를 갖고 있다. 이는 미국이나 유럽 등 선진국의 사례에서도 보듯이 튼튼한 산업 구조를 뒷받침하기 위해 매우 중요한 역할을 하고 있다. <u>그러나</u> 현재 한국에서는 중소기업의 경영이 쉽지 않은 실정이다. <u>특히</u> 대기업의 횡포에 중소기업이 피해를 입는 경우가 많다. 대표적으로 ○○ 자동차의 하청업체인 ○○기업은 오랫동안 대금 체불이나 미지급, 단가 후려치기 등으로 경영에 어려움을 겪고 있음이 보도된 바 있다. <u>이렇게</u> 쉽지 않은 국내 경영 환경에 따라 중소기업은 자구적인 경영 혁신을 매우 강하게 요구받고 있다. 내부적인 경영 효율 제고, 새로운 경영 전략의 도입 등을 통해 경쟁력을 유지할 필요가 있는 것이다. <u>특히</u> 중소기업의 경우 내부 소통 체제가 미비한 경우가 많은데, 내부 IT 인프라 구축의 일환으로 클라우드 컴퓨팅을 도입할 필요가 있다.

## 6과 인용하기

### 인용하기

2. 1) 간접 인용  2) 간접 인용  3) 간접 인용
   4) 직접 인용

### 주석 달기

1. 1) [1] 관련 자료 제시
      [2] 개념 정의에 관련된 부연 설명
      [3] 자료의 서지 사항 제시
      [4] 번역어에 대한 부연 설명

2. 1) - 개념 정의  2) - 본문 구성 안내
   3) - 기호 설명  4) - 개념 정의

### 표절의 개념 알기

1. 1) ①, ②, ④

## 7과 평가하기

### 긍정적/부정적 평가하기

3. 1) 필수적인  2) 결정적인  3) 근본적인

4. 1) 단순히  2) 간과되어 왔다.  3) 부족한

### 간접적 방식으로 평가하기

1. 1) 관련성  2) 의의  3) 중요성  4) 가능성

2. 1) 도움이 되지 않는 것으로 보인다.
   2) 적응이 쉽지 않을(은)
   3) 큰 어려움을 보이지 않는
   4) 거의 하나도 맞추지 못한

### 수식을 통해 평가하기

1. 1) 포괄적인  2) 체계적인  3) 복합적인

2. 1) 실제적으로 2) 상당히 3) 상대적으로

## 8과 주장하기

### 필자의 주관 드러내기

1. 1) 사회언어학적 관점과 방법에서 좀 더 다양한 연구가 나와야 한다.

2. 1) … 나갔다고 할 수 있다. 2) … 점이라고 본다.
   3) … 실어 줄 것이다. 4) … 의미한다고 볼 수 있다.

## 9과 연결하기

### 연결 표현 쓰기

1. 1) 이와 같이 2) 이러한 3) 이와 같은 4) 이는

2. 1) 먼저, 또한, 그리고, 특히
   2) 이는, 또한, 이러한
   3) 그러나, 이러한, 더욱이

### 독자의 이해 돕기

2. 1) 문제 2) 주목

## 10과 정확하게 쓰기

### 규정에 맞게 쓰기

2. 1) 집에서 처럼 2) 다음 은 3) 대처할 수 밖에
   4) 시행된지 5) 진화하는데 6) 보고한대로
   7) 쓰여있어 8) 걸러내기 9) 시도해볼만한

3. 지금 까지도, 차지해오고있다, 통해서 도,
   알수있다고, 학습자 뿐만, 하는데

### 정확한 문장 쓰기

1. 1) 없다. → 없다는 점이다.
   2) 제안한 바 있다. → 제안된 바 있다.
   3) 끼친다. → 끼친다는 것이다.
   4) 속한다. → 속하기 때문이다.
   5) 배출했다. → 배출됐다.
   6) 시도하여 → 시도되어
   7) 이었다. → 이었다고 할 수 있다.
   8) 대중들이 왜 모르고 있는 이유에 대해 → 대중들이 모르고 있는 이유에 대해 / 대중들이 왜 모르고 있는지에 대해
   9) 많아질 필요가 있다. → 많아질 필요가 있다고 본다.

2. 1) 승인하고 → 인정하고
   2) 받은 → 얻은
   3) 부족해 → 간과되어/배제되어
   4) 대한 → 미치는
   5) 나는 → 나타나는

3. 1) 연구하는 → 연구할
   2) 논의할 것이 → 논의가
   3) 의식이다 → 의식한다.
   4) 한 등 → 하는 등
   5) 작용할 → 작용하는

4. 1) 어떻게 성공한 것인지를 → 어떻게 성공한 것인지를 밝히는 것을
   2) 이 기록에 → 이 기록에 따르면
   3) 정부에서는 대책도 → 정부에서는 아무 대책도
   4) 문화는 → 문화에 대해서는

## 11과 서론 쓰기

### 현황 제시하기

1. 1) (가)-(a), (나)-(b), (다)-(e), (라)-(d), (마)-(c)

2. (가) 미쳐 (나) 거세지고 있다 (다) 확대되고
   (라) 증가하고 있다 (마) 이루어지고 있다

(라) 증가하고 있다  (마) 이루어지고 있다

### 연구의 필요성 쓰기
1. 1) 부족하다  2) 그치고 있다  3) 겪는다
   4) 어렵다  5) 문제가 있다  6) 지적된다

### 연구 도입하기
1. 1) 조사해 볼 것이다  2) 목적으로 한다
   3) 다음과 같다  4) 삼는다

## 12과 이론적 배경 쓰기

### 개념 개관하기
1. 1) (가)-(c)  (나)-(a)  (다)-(b)

2. (ㄱ) 말한다  (ㄴ) 본다면  (ㄷ) 할
   (ㄹ) 근거하여  (ㅁ) 정의하

### 연구 경향 제시하기
1. 1) ①-(다)  ②-(나)  ③-(가)  2) (나), (다)
   3) 연구 관점별

2. 1) 들  2) 있다  3) 수행된  4) 거두었다  5) 나누어

### 선행 연구 요약 및 평가하기
2. 1) 주목할  2) 있다  3) 남는다  4) 어렵다

## 13과 연구 방법·결과 쓰기

### 연구 방법의 구성 이해하기
1. 2) ☑ 조사 대상, ☑ 사용한 연구 방법,
      ☑ 연구 방법을 선택한 이유, ☑ 자료 분석 방식

### 연구 대상의 속성 밝히기
1. 1) (1) ○  (2) ○  (3) ×  (4) ×
   2) ②

2. (ㄱ) 응답하였고  (ㄴ) 나타났다
   (ㄷ) 차지하였다  (ㄹ) 분포를 보였다

### 연구 결과 제시하기
3. (ㄱ) 한 반면  (ㄴ) 간의 차이가 적다
   (ㄷ) 동일하

## 14과 논의·제안 쓰기

### 연구 결과 해석·논의하기
1. 1) (2)  (가)-(a)  (나)-(b)

2. 1) 확인할 수 있었다  2) 일치하는 결과이다
   3) 뒷받침하는 것이다

3. 1) 알 수 있다  2) 보인다  3) 보여 준다
   4) 의미한다

### 대안 제안하기
1. 1) (가)-(a)  (나)-(b)

## 15과 결론 쓰기 및 고쳐 쓰기

### 의의, 한계 및 제언 쓰기
2. 1) 한계를 갖는다  2) 할 수 없었다
   3) 다루지 못하였다  4) 한계로 남는다

3. 1) 연구해 볼 필요가 있을 것이다
   2) 다루어야 할 것이다
   3) 이루어질 필요가 있다

## 어휘 색인

### ㄱ
가정 표현 94
각주 65, 68
간접 인용 65
개념 정의 표현 131
개요 58
객관적인 문체 16
결과 보고 표현 156
결론 162
경험 연구 37
고쳐 쓰기 162
구체화 94
국립국어원 109
국어의 로마자 표기법 109
규정에 맞게 쓰기 109
긍정적/부정적 평가 75
긍정적 평가 79
기본 자료 25

### ㄴ
내용주 68
내적 형식 11

### ㄷ
단행본 24
대안 제안하기 157
데이터베이스 23, 26
도표 150
독자 안내 표현 100
띄어쓰기 109

### ㅁ
면담 50
면담 조사 47, 49
면담 질문지 52
명사구 표현 80
문어체 16
문장 부호 109
문장 호응 112

문제 의식을 강조하는 표현 105
문제점 제기 120
문제점 제기 표현 123
문헌 연구 37, 50
문헌주 68

### ㅂ
방문 50
보고서의 제목 17, 18
보조 용언 110
부정적 평가 79
부정 표현 93

### ㅅ
사례 분석 50
서론 116
서론의 기능 121
서론의 역할과 구성 121
서지 사항 27, 65
선행 연구 135
선행 연구와 연결 짓는 표현 155
선행 연구의 한계 120
선행 연구의 한계 지적 표현 123
설문 144
설문지 작성 47

### ㅇ
양적 연구 방법 38
양태 표현 89
어문 규정 109
연결 표현 101
연구 결과 146
연구 경향 제시 표현 134
연구 계획서 127
연구 대상 26
연구 문제 33, 34
연구 방법 14, 36
연구 배경 120
연구 윤리 62, 70

연구 윤리 지침 71
연구의 필요성 122
연구의 필요성 제시 표현 123
연구 주제 14
예비 조사 53
완화 표현 81
외래어 표기법 109
외적 형식 12
의의 167
의존 명사 110
이론적 배경 128
이론적 배경의 역할 및 구성 131
인구 통계학적 151
인용 62

### ㅈ
자료 수집 22
장 56
장·절 57
재인용 65
전문가 인터뷰 50
절 56
접속 부사 103
정의 139
제목 정하기 18
제안 표현 159
제언 167
조사 110
조사 계획 43
조사 방법 44
주석 67
주제 선정하기 18
주제어 164, 165
직접 인용 65
질적 연구 방법 38

### ㅊ
차례 54
참고 문헌 25

참고 자료  25
초록  164

**ㅌ**

텍스트의 다른 부분과 연결  103
통계적 유의미성  147
퇴고  113, 171

**ㅍ**

표 설명 표현  145
표절  69
표 제목  145
표준국어대사전  109
표준 발음  109
표준어  115
표준어 규정  109
필자의 주관적 판단  88

**ㅎ**

학술적 글쓰기  11
학술적 글쓰기의 과정  13
학술적 글쓰기의 목적  12
학술적 글쓰기의 문체  14
학술지 논문  24
학위 논문  24
한계  167
한계를 지적하는 표현  155
한글 맞춤법  109
해석 및 추론의 표현  155
해설 표현  105
현황 제시 표현  121
환언 표현  94
효과적으로 논증하기  90

**서울대 학문 목적 한국어⁺ 시리즈**

말하기·듣기·읽기·쓰기

**집필진**

| | |
|---|---|
| 안효경 | 서울대학교 국어국문학 학사 |
| | 서울대학교 국어국문학 석사 |
| | 가톨릭대학교 국어국문학 박사 |
| | 서울대학교 언어교육원 한국어교육센터 대우전임강사 |
| 이슬비 | 서울대학교 국어교육/영어교육 학사 |
| | 서울대학교 한국어교육전공 석사 |
| | 서울대학교 한국어교육전공 박사 |
| | (전)서울대학교 언어교육원 한국어교육센터 시간강사 |
| | 국립국어원 학예연구사 |

서울대 한국어⁺
학문 목적 쓰기

초판 1쇄 발행  2017년  3월 30일
초판 5쇄 발행  2022년  11월 15일

| | |
|---|---|
| 지은이 | 서울대학교 언어교육원 |
| 펴낸곳 | 서울대학교출판문화원 |
| 주소 | 08826 서울 관악구 관악로 1 |
| 도서주문 | 02-889-4424, 02-880-7995 |
| 홈페이지 | www.snupress.com |
| 페이스북 | @snupress1947 |
| 인스타그램 | @snupress |
| 이메일 | snubook@snu.ac.kr |
| 출판등록 | 제15-3호 |

ISBN 978-89-521-1806-6  04710
    978-89-521-1920-9 (세트)

ⓒ 서울대학교 언어교육원, 2017

지은이와의 협의하에 인지는 생략합니다. 잘못된 책은 바꾸어 드립니다.
이 책의 무단 전재나 복제 행위는 저작권법에 따라 처벌받게 됩니다.

# 주문 정보
## Order Information

〈사랑해요 한국어〉, 〈서울대 한국어+ 학문 목적〉 시리즈는 서울대학교출판문화원 홈페이지(www.snupress.com)와 교보문고, 영풍문고 등 주요 서점 및 인터넷 서점 인터넷교보, YES24, 알라딘 등에서 구매하실 수 있습니다.

You can purchase the series at the Seoul National University Press homepage (www.snupress.com), major bookstores such as Kyobo Bookstore and Young-Poong Bookstore, and online bookstore such as Internet Kyobo Book Center (www.kyobobook.co.kr), YES24 (www.yes24.com), Aladdin (www.aladin.co.kr), etc.

해외유통 및 대학, 기관에서 구입을 희망하시는 경우 공앤박으로 문의하시면 됩니다.

If you want to purchase from overseas distribution, Universities, or Institutions, please contact us at Kongnpark.

공앤박(www.kongnpark.com)
E-mail: info@kongnpark.com  |  Telephone: +82 (0)2 565 1531  |  Fax: +82 (0)2 3445 1080

| Title | Publication Date |
|---|---|
| 사랑해요 한국어 1 (SB/WB) | January 2019 |
| 사랑해요 한국어 2 (SB/WB) | April 2019 |
| 사랑해요 한국어 3 (SB/WB) | May 2019 |
| 사랑해요 한국어 4 (SB/WB) | June 2019 |
| 사랑해요 한국어 5 (SB/WB) | November 2015 |
| 사랑해요 한국어 6 (SB/WB) | March 2016 |
| 서울대 한국어+ 학문 목적 읽기/쓰기 | March 2017 |
| 서울대 한국어+ 학문 목적 말하기 | January 2018 |
| 서울대 한국어+ 학문 목적 듣기 | February 2019 |

**서울대학교출판문화원 SNUPRESS**

(08826) 서울특별시 관악구 관악로 1
1 Gwanak-ro, Gwanak-gu Seoul 08826, Korea

Telephone: +82 (0)2 880 5252  |  Fax: +82 (0)2 888 4148  |  E-mail: snubook@snu.ac.kr

**www.snupress.com**